CARLO CARMINE

DIFENDI I TUOI SOLDI PER SEMPRE CON IL TRUST

Tecniche e Strategie Per Difendere il Tuo Patrimonio e la Tua Famiglia in 7+1 Casi Anche Se Non Sai Da Dove Iniziare

Titolo

"DIFENDI I TUOI SOLDI PER SEMPRE CON IL TRUST"

Autore

Carlo Carmine

Editore

Bruno Editore

Sito internet

http://www.brunoeditore.it

Sommario

Prefazione   pag. 5

Introduzione   pag. 9

Cap. 1: Cos'è un Trust e i suoi 4 soggetti principali   pag. 20

Cap. 2: Le 11 false credenze sul Trust   pag. 47

Cap. 3: 7+1 casi pratici - Perché non ho istituito prima

il mio Trust   pag. 73

Cap. 4: Le 7+1 poco valide alternative al Trust   pag. 103

Cap. 5: La scelta del Trustee: quale dei 7 scegliere?   pag. 127

Cap. 6: La tutela del tuo patrimonio è per sempre se...   pag. 159

Cap. 7: I 2 principali aspetti della fiscalità del Trust   pag. 185

Allegato: Bozza di Atto di Trust   pag. 221

Conclusioni   pag. 234

Risorse   pag. 237

A mio padre Carlo Armando, il "mio perché".

Prefazione
(a cura di Mirco Gasparotto)

Curare questa prefazione mi fa molto piacere per più di un motivo. Prima di tutto, conosco Carlo da molti anni e lo reputo uno dei professionisti più integri che io abbia mai conosciuto. Una persona di una professionalità veramente importante che si spende da oltre vent'anni su questi argomenti.

Ed è proprio l'argomento che tratta questo libro il secondo motivo che mi ha entusiasmato nel rilasciare questa prefazione.
Il Trust e la Tutela Patrimoniale per Imprenditori è un argomento delicato, importante e, purtroppo, super trascurato da tutti i capitani di impresa, da tutti gli imprenditori e da tutti coloro che hanno un patrimonio da difendere.

Troppo spesso l'imprenditore confonde le sue tasche con le tasche dell'azienda. Queste, invece, sono due "tasche" diverse.
L'azienda ha una forma giuridica, la persona ha una forma fisica.
Il patrimonio della persona è una cosa, mentre il patrimonio

dell'azienda è un'altra.

Carlo tratta tutti quanti questi argomenti e risponde già a tutte quelle che sono le domande che qualsiasi imprenditore si fa prima di approcciare uno strumento del genere.

Anticipa e affronta immediatamente i falsi miti.

Questo libro è, quindi, propedeutico anche per coloro che vogliono capire un po' meglio di cosa tratta il Trust.

E Carlo è forte di un numero consistente di Trust già effettuati per tantissimi imprenditori.

Quindi questo libro va oltre questo discorso; parla di Trust e donazioni e di Trust Onlus.

Quest'ultimo, in particolare, è un argomento che a me sta particolarmente a cuore perché, con Onlus Marianna, da 17 anni ho imprenditori che mi fanno delle donazioni e preferiscono dirottare una parte dei loro sforzi a cause benefiche.

Il libro parla dei problemi economici derivanti dalle separazioni, dai divorzi, dalla gestione dei figli (soprattutto minori in caso di morte prematura dell'imprenditore) e di come affrontarli e risolverli con il Trust.

Parla dei grandi errori legati all'intestazione di beni familiari e di un sacco di argomenti che sono importantissimi e, ripeto, che spesso risultano "i grandi trascurati".
Quindi noi, nella nostra Community Osa, di cui Carlo è Cavaliere e fa parte fin dall'inizio, sono temi che affrontiamo.

Questo libro, in particolare, tratta tutti questi argomenti in maniera molto esemplare: quando ho visto la bozza sono rimasto veramente entusiasta. Si parla dell'eredità e del passaggio generazionale; argomenti con cui l'imprenditore si lancia sempre in scongiuri di ogni tipo e, invece, è una delle cose che devono essere assolutamente gestite per tempo.

Vengo quindi al mio consiglio, che è di leggere il libro e studiare ogni suo aspetto.

Questo è uno di quei libri da "studiare" e non solo "leggere"; è un libro di cui si dovranno sottolineare le cose interessanti munendosi di uno, due o tre evidenziatori colorati.

Fate tutte le sottolineature: il Trust per la Tutela Patrimoniale degli imprenditori è uno strumento veramente interessante, per cui prendetevi il tempo che vi serve.

E ricordatevi che voi lavorate per un patrimonio: se poi non ne progettate e programmate la difesa, è inutile che lavoriate 70-80-90 ore alla settimana.

Buona lettura, buono studio perché è molto importante.

Se avete bisogno di qualsiasi approfondimento sappiate che Carlo, attraverso gli argomenti trattati in questo libro, e non solo, è la persona giusta che può dare i consigli migliori in modo confidenziale e professionale riguardo un argomento di una delicatezza estrema.

Arrivederci e buona vita!

Introduzione

Negli ultimi anni ho letto tantissimi libri su come è possibile digitalizzare la propria azienda, su come aumentarne il fatturato, su come aumentare le *performance* dei propri collaboratori, sul *funnel marketing*, sul *personal branding*, sul *mentoring*, sull'importanza delle KPI (*Key Performance Indicator*) e su tantissimi altri aspetti che potrebbero renderti un imprenditore e una persona di successo.

Bellissimo! Oltre ad aver letto tanti libri ho frequentato tantissimi corsi dei migliori formatori italiani e internazionali, ancora bellissimo! Poi però, dopo tutta questa esperienza accumulata, mi sono chiesto: perché nessun formatore, neanche i migliori, non approfondiscono anche i temi che riguardano come gestire il meraviglioso successo già raggiunto?

Cosa ti accade normalmente in caso di divorzio? Cosa succede normalmente tra gli eredi in caso di successione? (Lo sapevi che le cause che durano di più in Italia sono quelle ereditarie?), cosa ti accade quando dopo aver prestato delle garanzie personali alla banca per finanziare la tua azienda ti viene richiesto di rientrare in 48 ore dal fido? Cosa ti accade se per "colpa" di alcuni clienti falliti per la crisi, ti sei visto costretto a decidere se pagare le tasse o gli stipendi dei tuoi dipendenti?

Ecco, la risposta è che quasi nessuno se ne preoccupa, eppure la realtà quotidiana è proprio questa. La vita reale è proprio questa. Puoi diventare un imprenditore, un professionista o una persona di successo, ma come ben sai si può perdere tutto in pochissimo tempo. Allora ti sentirai ancora una persona di successo? I corsi o i libri, senza aver approfondito questi temi, avranno davvero ottenuto il risultato sperato?

In Italia i divorzi (dati Istat) sono quadruplicati. Le cause legali per divisioni ereditarie durano sette anni. Ci sono 22 milioni di posizioni debitorie con Equitalia/Agenzia Entrate Riscossione. (Se vuoi approfondire come è possibile affrontare questi problemi ti rinvio al precedente libro che ho avuto il piacere di scrivere per aiutare i tantissimi imprenditori in difficoltà, **Liberati da Equitalia in 7+1 Mosse**, edito dalla Bruno Editore e diventato BestSeller su Amazon in sole 24 ore, www.carlocarmine.it/libroequitalia).

Ogni giorno ci sono vendite all'asta di prime case degli imprenditori da parte delle banche e di immobili aziendali dati in garanzia. Aziende dissolte dopo il passaggio generazionale. Patrimoni passati in eredità a minori e "gestiti" dai Tribunali dei Minorenni.

Eppure, tutti concentrati a incrementare i propri guadagni o il fatturato aziendale di un 5%, 10% o 20% e mai a pensare a come difendere per sempre il proprio patrimonio e i propri soldi.

Prima ho detto quasi nessuno, perché una eccezione c'è.

La **Community OSA**, di cui faccio parte, creata da Mirco Gasparotto e da Alessio Brusemini, è composta solo di imprenditori, per i quali sono stato più volte relatore sul Trust in giro per l'Italia. Infatti, con Mirco Gasparotto, un grandissimo imprenditore di successo, che mi ha onorato della prefazione di questo libro e da sempre molto attento a questi temi, abbiamo deciso insieme che non era più possibile lasciare un tema così fondamentale come la difesa patrimoniale degli imprenditori solo per gli accademici.

Ma a parte la Community OSA, purtroppo quasi tutti i formatori si concentrano solo su quanto visto precedentemente.

Questo libro ti farà scoprire uno strumento nuovo con il quale potrai eliminare per sempre tutti i problemi che ti ho accennato prima: il Trust.

Sarai sereno per sempre, renderai serena la tua famiglia e potrai allora finalmente concentrarti su come migliorare e fare crescere la tua azienda o la tua vita professionale, potrai concentrarti sul futuro dei tuoi figli, decidere il futuro del tuo patrimonio e non per ultimo su come potrà essere la tua vita negli anni più avanti, senza dover dipendere dalla decisione delle mogli e dei mariti dei tuoi figli.

Avrai sicuramente sentito di imprenditori o professionisti ricchi, che dopo aver creato imprese di successo si vedono costretti, per andare a fare la spesa, a chiedere i soldi ai propri figli perché con gesti "illuminati" e "generosi", magari mal consigliati dal proprio professionista di fiducia, per difendere il proprio patrimonio avevano pensato di intestare tutto ai propri figli.

O meglio ancora, dopo aver trascorso tutta la propria vita a incrementare il proprio patrimonio, questi imprenditori si vedono incredibilmente e tristemente rinchiusi in una casa di cura per anziani, mentre i familiari si godono i frutti del proprio lavoro e dei propri sacrifici.

Ti parlo a ragion veduta, mi occupo da vent'anni di Trust e sono il fondatore insieme a i miei due soci, l'avv. **Simone Forte** e il dott. **Mario Cerrito**, di una delle prime società per azioni italiane, la **CFC Trustee S.p.A.** www.cfctrustee.it (per i primi anni si chiamava MPO Trustee), che si occupa solo di Trust e di ricoprire l'ufficio di Trustee.

Oltre a far parte della "**Commissione Trust**" e Tutela del Patrimonio presso l'Ordine dei Commercialisti di Milano, dell'**Associazione internazionale STEP** che si occupa solo di Trust e Difesa Patrimoniale per la quale ho avuto l'onore di essere relatore a un corso sul Trust a Madrid in Spagna, a essere stato **docente ai Master sul Trust** e la Tutela Patrimoniale presso la scuola di formazione de' "Il **Sole 24 Ore**" di **Milano**, abbiamo avuto anche l'onore di essere tra i **promotori** dell'istituzione del primo **Registro dei "Trustee professionali in Italia"** presso l'Associazione il Trust in Italia. Ricordo infine con tanto piacere i miei interventi sul Trust come professionista specializzato ai **Corsi di Fiscalità Internazionale** della **Bocconi** di **Milano**, qualche anno dopo essermi laureato proprio lì.

Ho assistito direttamente tantissimi clienti a cui posso dire di aver dato davvero una mano a salvaguardare per sempre il proprio patrimonio, ma devo anche ammettere che ne ho visti altrettanti che, non avendo seguito i miei consigli e ascoltando quelli di professionisti che non avevano alcuna esperienza in materia di Trust e difesa del patrimonio, hanno perso ogni cosa.

Con questo libro scoprirai uno strumento nuovissimo (pensa che ha solo mille anni di storia! Dopo ti spiegherò meglio).

Cercherò inoltre, con estrema chiarezza e praticità, di eliminare tutte le false credenze sul Trust (o meglio le informazioni date da chi non sa di cosa sta parlando) e lo farò anche mostrandoti, alla fine del libro, una **Bozza di Atto di Trust**, perché quello che voglio fare è parlarti in modo chiaro e farti comprendere esattamente come quello che diciamo si riflette praticamente nell'Atto di Trust.

Durante i vari capitoli poi ti rimanderò passo passo a tutte le clausole della bozza di atto di Trust.

Per iniziare a essere chiaro, ti voglio subito far capire **cosa intendo per false credenze**: se faccio un Trust devo spossessarmi di tutto! Questa è quella che preferisco, infatti tutte le persone di successo tra cui Dolce e Gabbana, la famiglia Agnelli (Fiat), la famiglia Antinori (vini), la famiglia Cucinelli (cashmere), dopo aver istituito il loro Trust sono diventati tutti poveri e senza patrimonio…

Ovviamente si tratta solo di un paradosso, in quanto questi imprenditori di grandissimo successo utilizzano e possiedono ancora tutto il loro patrimonio.

Mi hanno detto che il Trust non è legale, che se lo faccio ho gli occhi del fisco puntati addosso! Scoprirai che nei confronti del fisco non esiste strumento più trasparente del Trust.

Posso istituire il Trust solo all'estero! Sì, magari andando in Nuova Zelanda. Cose davvero senza senso (dopo ti spiegherò di più).

O ancora, so che il Trust possono istituirlo solo le persone ricche! Assolutamente no… Esistono tantissimi Trust fatti per tutelare solo la prima casa o le quote della propria società o i propri risparmi. Anzi, come mi piace sempre dire: il momento migliore per fare un Trust è quando non hai nulla. Questa frase sembra un paradosso ma non lo è per nulla, anzi… e dopo capirai bene cosa intendo.

Questo libro l'ho scritto per te che sei un imprenditore o un professionista di successo, o una persona che grazie ai sacrifici della tua famiglia ha voglia di difendere per sempre sia quello che già ha che quello che costruirà.

È un libro pratico con tanti esempi, volutamente poco tecnico, perché per quello già esistono altri manuali per i quali ho comunque avuto in passato già l'occasione di contribuire e trattare in modo molto tecnico.

Ho contribuito infatti alla redazione del volume II di "**Il diritto dell'Arte – La circolazione delle opere d'arte**", Skira editore, Milano 2013, curando "**Gli aspetti fiscali del Trust**" e con la "Sottocommissione Trust" della **Commissione Normative** a

Tutela del **Patrimonio dell'Ordine** dei **Dottori Commercialisti** ed **Esperti Contabili** di **Milano**, abbiamo pubblicato i due quaderni SAF (Scuola di Alta Formazione), il n. 44 (**Introduzione all'Istituto del Trust**) e il n. 45 (**Ambiti di applicazione del Trust**) approfondendo molto dettagliatamente la fiscalità del Trust e del Trustee e la complessa attività di rendicontazione contabile e descrittiva del Trustee (troverai nelle Conclusioni di questo libro il link per scaricare tutto questo materiale), ma per te ho capito invece che dovevo essere molto pratico e concreto... non è questo lo spazio per gli inutili tecnicismi...

Alla fine del libro avrai ben chiaro come decidere di proteggere i tuoi soldi, la tua casa e il tuo patrimonio per te e per la tua famiglia e come con il Trust potrai pianificare anche un futuro molto più sereno per te e per i tuoi discendenti.

Il Trust è ormai riconosciuto a livello internazionale come lo strumento ideale per la difesa del patrimonio di imprenditori, professionisti e più in generale delle persone di successo: le persone che guardano a domani. Come ti dicevo prima infatti non solo in Italia, ma in tutto il mondo, gli imprenditori e le famiglie più importanti e di successo utilizzano il Trust per difendere, tutelare e gestire il proprio patrimonio.

Oggi sei una persona fortunata, credimi, perché hai la possibilità di leggere questo libro e decidere in anticipo di difendere il tuo patrimonio e la tua famiglia prima che qualunque evento negativo (basta guardarsi attorno) possa mettere a repentaglio tutti i tuoi sacrifici.

Dico questo perché, con dispiacere da un lato e con gioia dall'altra, dedico questo libro a mio padre... Se avesse avuto la fortuna di leggere questo libro per tempo, non sarebbe stato travolto dagli eventi della vita reale e se ne sarebbe andato con il cuore più sereno.

P.S.: nelle conclusioni del libro troverai un link per accedere alla pagina *Membership* del libro dove troverai la Convenzione dell'Aja sul Trust, le sentenze menzionate nel libro, gli Studi del Notariato, del Consiglio Nazionale dei Commercialisti sulla Contabilità e sul Rendiconto del Trust, i capitoli dei libri da me scritti e menzionati sulla Fiscalità del Trust, dei video e altri contenuti extra pensati appositamente per te.

Per ora ti consiglio di iscriverti al mio canale YouTube dove potrai trovare altri video www.carlocarmine.it/youtube, e a entrare in contatto con me su LinkedIn www.carlocarmine.it/linkedin.

Buona lettura e preparati a scoprire quello che fino a oggi nessuno ti aveva ancora detto!

Capitolo 1:
Cos'è un Trust e i suoi 4 soggetti principali

Sembrerà strano, ma questa è la parte più difficile di tutto il libro... Cercherò, come faccio quando sono in giro per l'Italia con centinaia di imprenditori, di spiegare i concetti che seguiranno nel modo più pratico e chiaro possibile.

Hai mai sentito di alcuni imprenditori o professionisti che hanno intestato le proprie case o quote della società alla moglie o ai figli, o magari a un fratello o una sorella? Sicuramente sì. Lo hanno fatto molto probabilmente perché volevano difendere il proprio patrimonio da eventuali problemi che avrebbero potuto avere nel corso della propria vita.

Una volta intestati questi beni ai loro familiari più stretti, speravano che questi ultimi li gestissero seguendo le loro indicazioni.

Si sentivano sicuri. Poi un giorno scoprono che la persona a cui hanno intestato tutto non vuole più ridarglielo. O magari proprio questa persona viene aggredita da un creditore (pensa a

Equitalia Spesso in un Paese con 24 ore di differenza di fuso orario rispetto al nostro, senza aver mai conosciuto o incontrato il Trustee straniero e con l'aggravante che parla un'altra lingua./Agenzia Entrate Riscossione) per suoi debiti personali.

O peggio l'intestatario dei beni "passa a miglior vita" e questi beni vanno in successione ai suoi eredi. E chi glielo spiega a questi eredi che quei beni erano in realtà di un soggetto terzo e che devono restituirli?

Ecco, in questo momento l'imprenditore scopre che per tutelare il proprio patrimonio ha fatto la cosa peggiore: lo ha intestato ad altri soggetti che a questo punto possono essere aggrediti, o come abbiamo visto anche peggio. Questo è, come lo chiamo io, il "Trust all'italiana". Non regolamentato e, come avrai ben capito, da non intraprendere assolutamente.

Adesso invece ti spiego qual è il vero Trust regolamentato e che elimina tutti, sì proprio tutti, questi problemi.
Per farlo ho bisogno di parlarti di un aspetto tecnico del Trust importantissimo e che la maggioranza dei professionisti dimentica

quando affronta l'argomento.

Tra poco avrai **il segreto del Trust**. Capirai che in pochissime righe di una norma è concentrato l'**80% delle cose più importanti da conoscere sul Trust**.

L'Italia è stata tra le prime firmatarie di una convenzione internazionale che ha permesso di poter applicare e utilizzare il Trust in Italia. La Convenzione dell'Aja del 1985, ratificata in Italia nel 1989 con la legge n. 364 del 16 ottobre e in vigore in Italia dal 1992. Dopo capiremo come mai avremmo potuto utilizzare il Trust in Italia dal 1992 ma se ne inizia a parlare davvero solo dopo quasi 30 anni.

Ma torniamo a noi.
La Convenzione dell'Aja sul Trust è, per capirci, la cornice principale a cui bisogna rifarsi, avendola in Italia ratificata e quindi equiparandola a una legge italiana.
Ecco, l'**art. 2 della Convenzione dell'Aja** sul Trust ci spiega in modo chiarissimo **cosa si intende giuridicamente per Trust**.

Adesso riporto il testo dell'art. 2 e dopo lo analizziamo per bene. Compreso questo articolo, sarà per te davvero semplice parlare con cognizione di causa con la stragrande maggioranza di consulenti e professionisti. Forse ne saprai più di loro! Avrai un quadro chiaro della sua essenza e capirai che è molto più semplice di quello che pensavi. Non è un caso infatti che nel mondo anglosassone, dove nasce il Trust, e poi americano e australiano dove è stato "importato", abbia più di mille anni di storia.

Tutto quello che segue sarà un'analisi giuridica del Trust da un punto di vista della legislazione e giurisprudenza italiana, non potendo ovviamente considerare gli ordinamenti stranieri.

Cos'è un Trust

Secondo l'art. 2 della Convenzione dell'Aja sul Trust:

"Per **Trust** s'intendono i **rapporti giuridici** instaurati da una persona (esempio l'imprenditore di nome Luca denominato "**Disponente**") per atto tra vivi (ad esempio con atto istituito da un notaio) o *mortis causa* (per testamento) quando **dei beni** (ad esempio una casa, delle quote societarie di Srl o Spa, opere d'arte, una macchina storica, orologi di valore, denaro, fondi di investimento) sono **posti sotto il controllo** (secondo quanto stabilito dall'imprenditore Luca nell'Atto di Trust siglato dal Notaio e sempre nel rispetto delle finalità del Trust da Luca individuate) di un soggetto denominato **"Trustee"** (ad esempio la mia Società, la CFC Trustee S.p.A., o un professionista singolo) **nell'interesse** di uno o più **"Beneficiari"** (secondo quanto stabilito dall'imprenditore Luca nell'Atto di Trust siglato dal Notaio; ad esempio i suoi **tre figli**: Paolo che studia Economia in Bocconi, Alessia che studia Danza alla Scala di Milano e Simone che lavora per un ente di beneficenza internazionale, i **nipoti**, la **moglie** Francesca, magari finché resta sposato, e **anche se stesso** per mantenere l'attuale stile di vita) o per uno scopo (Trust di scopo che non tratteremo in questo libro)".

I quattro soggetti principali del Trust: Il Disponente, il Trustee, i Beneficiari e il Guardiano

Come indicato nel paragrafo precedente la Convenzione dell'Aja sul Trust identifica tre soggetti principali: il Disponente, il Trustee e i Beneficiari a cui si può aggiungere un quarto soggetto, il Guardiano, previsto normalmente dalla stragrande maggioranza delle leggi regolatrici (di cui parleremo a breve) nazionali sul Trust.

Nella Bozza di Atto di Trust troverai individuati tutti i quattro soggetti principali e leggendo i vari articoli capirai anche come questi ultimi interagiscono tra di loro.

Il **Disponente** (ad esempio un imprenditore) è il soggetto titolare del patrimonio da trasferire in Trust ed è colui che definisce le regole e le finalità del Trust (vedi le Premesse della Bozza di Atto di Trust). Ti anticipo inoltre che il Disponente può essere anche un Beneficiario del Trust così come lo spiego meglio nel Capitolo 2 sulle "false credenze".

Il **Trustee** (ad esempio una società specializzata nel ricoprire il ruolo di Trustee) è il soggetto a cui vengono formalmente intestati i beni trasferiti in Trust e che ha l'onere di gestirli e tutelarli nel solo interesse dei Beneficiari, rispettando le regole e le finalità del Trust indicate dal Disponente al momento della costituzione del Trust (vedi art. 2 e "Parte III - Il Trustee" della Bozza di Atto di Trust).

I **Beneficiari** (ad esempio il coniuge, i figli e i nipoti dell'imprenditore, e l'imprenditore stesso) sono i soggetti indicati dal Disponente nell'atto di Trust come destinatari finali del **patrimonio** trasferito in Trust e del **reddito** derivante da esso, e nel cui interesse il Trustee deve gestire e tutelare i beni in Trust (vedi art. 6 della Bozza di Atto di Trust).

Il **Guardiano** infine è una figura, come visto, non prevista espressamente dalla Convenzione dell'Aja sul Trust, ma che invece è prevista nella stragrande maggioranza delle leggi regolatrici dei singoli stati (vedi art. 3 e "Parte IV - Il Guardiano" della Bozza di Atto di Trust).

Il Guardiano, normalmente nominato inizialmente dal Disponente nell'atto di Trust e successivamente dai Beneficiari, ha il compito di controllare l'operato del Trustee, di ricevere normalmente le rendicontazioni contabili e descrittive da parte del Trustee e in alcuni casi, determinati dal Disponente nell'atto di Trust, di esprimere il suo consenso ad alcune operazioni straordinarie poste in essere dal Trustee in esecuzione di quanto stabilito nel Trust.

I beni in Trust – Quali beni posso trasferire
La grandissima differenza tra il Trust e altri strumenti di protezione

e tutela del patrimonio (ad esempio il fondo patrimoniale e la polizza vita) è che in Trust puoi trasferire **beni mobili** (ad esempio denaro, quote societarie, marchi, brevetti, beni artistici come quadri, orologi, gioielli, crediti che vanti verso altri soggetti) e **beni immobili** (ad esempio case, ville, uffici, anche se già ipotecate, perché hai richiesto un mutuo per acquistarle).

La cosa interessante è che il Trust può essere anche **beneficiario di polizze vita** o anche essere nominato **erede**, cosa che capita sempre più spesso. Nei capitoli più avanti vedremo comunque nel dettaglio le differenze tra il Trust, il Fondo patrimoniale e la Polizza vita.

1° caratteristica del Trust: Il patrimonio in Trust è separato da quello del Disponente, del Trustee e dei Beneficiari

Il **patrimonio in Trust** (ad esempio una casa, delle quote societarie di Srl o Spa, opere d'arte ereditate, una macchina storica, orologi di valore, denaro, fondi di investimento) come indicato nell'art. 2 della Convenzione dell'Aja sul Trust di cui sopra, è una **massa distinta** dal **patrimonio** del **Trustee** (ad esempio la mia Società, la CFC Trustee S.p.A., o un professionista singolo).

Questo significa che sebbene questi beni siano intestati formalmente al Trustee, in sostanza non ne fanno parte e quindi non si confondono con il suo patrimonio. Fantastico! E ovviamente non fanno più parte del patrimonio **dell'Imprenditore** perché tramite atto scritto (molto spesso notarile) quest'ultimo (Disponente) li ha intestati formalmente al Trustee (vedi art. 8 della Bozza di Atto di Trust), e infine non fanno ancora parte del patrimonio personale **dei Beneficiari** fino a quando non verranno a loro trasferiti definitivamente.

Qualunque cosa dovesse accadere al Trustee (pensa se un giorno la mia società che hai scelto come Trustee del tuo Trust dovesse essere messa in liquidazione, o magari il Trustee professionista singolo che hai scelto ha dei debiti e lo vogliono aggredire), non potrebbero farlo sul patrimonio in Trust perché come abbiamo appena visto è proprio la legge (art. 2 della Convenzione dell'Aja sul Trust) che lo dice.

Ad esempio se controlli il Bilancio della mia società, la CFC Trustee S.p.A., seppure siamo Trustee di tantissimi Trust, non troverai nell'Attivo di Bilancio i beni in Trust di cui siamo Trustee, proprio perché, se da un lato i beni in Trust sono formalmente intestati alla mia società in qualità di Trustee, dall'altro ai sensi dell'art. 2 della Convenzione dell'Aja, non ne siamo "economicamente" proprietari essendo questi beni invece, come visto, un patrimonio totalmente separato da quello del Trustee, in questo caso la mia società.

Come già detto pertanto il patrimonio in Trust è una massa distinta e autonoma dal patrimonio del Trustee, anche se a lui formalmente intestato, dall'eventuale patrimonio personale residuo del Disponente a cui in beni trasferiti in Trust non sono più intestati, e dal patrimonio personale dei Beneficiari a cui i beni trasferiti in Trust non sono ancora intestati.

Adesso cerco di spiegarmi meglio su questo importantissimo concetto. Sto per dire qualcosa per cui, se lo leggesse un avvocato, potrebbe arrabbiarsi, ma per noi quello che conta è capire, non essere accademici… lo abbiamo già fatto in diversi libri.
Per questo mi perdoneranno i puristi del Trust, ma questo libro è stato scritto per te… non per loro.

Pensiamo al Trust come a una società (già sento le grida dei puristi!) **a responsabilità limitata**, e al **Trustee** del **Trust** come **all'amministratore** della **società**. Ecco un paio di domande.

Prima domanda. Secondo te, se l'amministratore della società si dimette o "passa a miglior vita" (perdonami ma date le mie origini non riesco a scrivere altre parole), cosa accade alla società? Perfettamente nulla!

Nello Statuto della Società sarà infatti previsto come nominare il nuovo amministratore. Identica cosa accade per il Trust. Se il Trustee si dimette o "passa a miglior vita", nell'Atto di Trust sarà previsto come nominare il nuovo Trustee. Proprio come per le società è previsto come nominare il nuovo amministratore (vedi art.14 della Bozza di Atto di Trust).

Seconda domanda. Se l'amministratore della società vive in un bell'appartamento, ma da un po' di tempo non paga le spese condominiali e il condominio decide di recuperare il credito per vie legali, potrà il condominio stesso aggredire o pignorare il conto corrente della società? Assolutamente no! Una cosa è il conto corrente e il patrimonio dell'amministratore, e tutt'altra cosa sono il conto corrente e il patrimonio della società.

Lo stesso accade quando si è Disponenti del Trust. Se il Trustee, magari un professionista singolo, ha dei debiti personali con il condominio dove vive, il condominio non potrà mai pignorare il conto del Trust di cui è Trustee il professionista singolo. Ciò perché il conto corrente del Trust nulla ha a che vedere con il conto corrente e più in generale il patrimonio personale del Trustee da cui, come abbiamo visto, proprio per legge è separato e autonomo.

Quindi **riepilogando**...

1) Se l'amministratore (che nell'esempio fatto corrisponde al Trustee) ha dei debiti personali, i suoi creditori personali non possono aggredire il conto della società (che nell'esempio fatto sarebbero i beni in Trust); 2) se l'amministratore (Trustee) "passa a miglior vita", nello statuto della società (nell'Atto istitutivo di Trust istituito dal notaio) sarà previsto come sostituirlo; ancora, 3) se l'amministratore (Trustee) "passa a miglior vita" i beni della società (beni in Trust) non passeranno in successione agli eredi dell'amministratore (Trustee) ma nello statuto della società

(nell'Atto istitutivo di Trust fatto dal notaio) sarà previsto come sostituire l'amministratore (Trustee).

Spero che questo parallelismo tra una società a responsabilità limitata e il Trust, tra un amministratore e un Trustee, tra i beni della società e i beni in Trust, ti sia servito a capire come il tuo patrimonio personale che vorresti trasferire in Trust (ad esempio una casa, delle quote societarie di Srl o Spa, opere d'arte ereditate, una macchina storica, orologi di valore, denaro, fondi di investimento) sia separato dalle vicende personali del Trustee che andrai a nominare, proprio come il patrimonio di una società è separato dalle vicende personali dell'amministratore.

2° caratteristica del Trust: il Trustee deve esercitare il "controllo" sul Trust e agire solo nell'interesse dei Beneficiari
Quando si istituisce un Trust, aspetto fondamentale è che il Trustee (come l'amministratore di una società) deve avere il **controllo** sui **beni** in **Trust** e **agire** sempre e solo **nell'interesse** dei **Beneficiari** (i tre figli, i nipoti, la moglie e l'imprenditore stesso, nell'esempio fatto prima) **secondo** le **indicazioni** e le **finalità** individuate dal **Disponente nell'atto** istitutivo di **Trust**. Ma non ti spaventare! Lo

so cosa ti stai chiedendo: se il Trustee ha il controllo di tutto, può fare quello che vuole? Non proprio, adesso ti spiegherò meglio.

Ci sono tanti modi per essere tranquilli quando si istituisce un Trust, ma adesso è importante capire cosa si intenda per controllo del Trust da parte del Trustee e come evitare che, in caso di aggressioni da parte dei creditori, qualcuno, ad esempio un magistrato in fase di contenzioso, possa eccepire che mancando il controllo del Trustee (così come richiesto dalle norme viste in precedenza, art. 2 della Convenzione dell'Aja sul Trust) non ci si trovi di fronte a un vero Trust e quindi considerarlo nullo. La conseguenza di tutto ciò sarebbe che non si possa più beneficiare dei tanti vantaggi che il Trust comporta, primo tra tutti la separazione del patrimonio in Trust da quello del Disponente e del Trustee.

Esercitare il "controllo" del Trust significa quindi che il Trustee non può e non deve essere obbligato a fare quello che gli viene richiesto dai Beneficiari (tra cui, ripeto, puoi esserci anche tu) se non dopo una valutazione che ciò sia proprio nel loro interesse e che rispetti le indicazioni e le finalità scritte dal Disponente nell'atto istitutivo di Trust.

Tale interesse lo hai determinato e deciso proprio tu quando hai creato il Trust dal Notaio tramite l'atto istitutivo.
Facciamo un altro esempio di una situazione familiare tipica.

Sei un imprenditore sposato con due figli, istituisci un Trust, nomini la mia società, la CFC Trustee S.p.A., come Trustee e indichi tua moglie, i tuoi figli e anche te stesso come Beneficiari del Trust. Prevedi come **finalità** del **Trust** che la mia Società in qualità di Trustee del tuo Trust dovrà preoccuparsi di **mantenere integro il patrimonio** da te conferito (ipotizziamo una casa molto grande dove vivete e le quote di una società a responsabilità limitata) e tra le altre finalità di **aiutare** i tuoi **figli** negli **studi** e a **intraprendere** una **vita lavorativa**.

Passato del tempo tu, insieme a tua moglie, in qualità di **Beneficiari**, avete un colloquio con il Trustee durante il quale esprimete il vostro **desiderio** di **vendere** la **casa** grande, in parte per **pagare l'università** in Bocconi a uno dei tuoi figli, in parte per **pagare** la **scuola** di **Danza** alla Scala di Milano per l'altra figlia, e in parte per **investirli** in **criptovalute**, con le quali pensi che si potrebbero guadagnare tanti soldi.

Ai **primi due desideri** (pagamento della retta della Bocconi e della scuola di danza della Scala di Milano) il Trustee non può che **assecondare** con piacere le richieste dei Beneficiari.

Proprio nell'Atto di Trust (che ti ricordo è come lo statuto di una società per un amministratore) è scritto infatti che il Trustee, oltre a mantenerc integro e tutelare il patrimonio conferito, deve anche preoccuparsi di aiutare i tuoi figli per gli studi.

Per la **richiesta** di **investimento** in **criptovalute** invece un Trustee professionale ti dovrebbe rispondere che tale **desiderio non può essere assecondato**... non sarebbe opportuno e in linea con le finalità dell'atto di Trust (mantenere integro il patrimonio) decidere di vendere la casa per speculare in investimenti rischiosi e che possano depauperare in modo drastico il patrimonio. In questo esempio sei stato proprio tu a scriverlo nell'Atto di Trust...

La tua priorità e finalità era quella di tutelare il patrimonio e aiutare i figli negli studi e a inserirli nella vita lavorativa (vedi le Premesse della Bozza di Atto di Trust).

Ecco cosa significa esercitare il "controllo" da parte del Trustee... agire solo nell'interesse dei Beneficiari seguendo le direttive e le finalità di quanto previsto nell'Atto di Trust da chi lo ha creato, proprio tu.

Cosa accadrebbe invece se il Trustee dovesse vendere la casa grande, comprarne una più piccola, pagare le spese universitarie e della scuola di danza dei figli, come nello scenario precedente, ma in più investire in criptovalute ad alto rischio come da te richiesto? Semplice. Da un lato il Trustee non rispetterebbe quanto da te indicato nelle finalità nell'atto di Trust. Con la conseguenza che un qualunque Beneficiario, compreso te, potrebbe fare causa al Trustee per negligenza e imperizia. Non importa che a chiederlo sia stato un Beneficiario. Se non previsto nelle finalità del Trust la responsabilità del Trustee resta sempre. Quindi pensa il paradosso.

Un qualsiasi Beneficiario del Trust da te istituito esprime il desiderio di investire parte del patrimonio in Trust in criptovalute ad alto rischio. Il Trustee lo asseconda e un minuto dopo lo stesso Beneficiario può fare causa al Trustee che non sta adempiendo quanto scritto nell'atto di Trust e cioè tutelare il patrimonio in Trust e non certo metterlo a rischio.

Dall'altro lato il Trustee, assecondando passivamente le richieste dei Beneficiari che nulla hanno a che vedere con il loro vero interesse, definito nelle finalità del Trust, dimostra di non avere il "controllo" sul Trust che come visto invece significa agire solo nell'interesse dei Beneficiari.

Questo "**non esercitare il controllo**" sui beni in Trust da parte del Trustee, cioè assecondare in maniera passiva le richieste dei Beneficiari senza nessuna valutazione concreta dei loro reali interessi, può provocare, in caso di aggressione da parte di terzi creditori personali del Disponente e anche dei Beneficiari, che il Trust possa essere considerando "finto" (*sham* in inglese) e quindi dichiarato nullo da parte dell'autorità giudiziaria.

La conseguenza negativa di tale situazione (Trust dichiarato nullo) sarebbe la perdita di tutti i vantaggi acquisiti con il Trust, primo fra tutti la separazione del patrimonio conferito in Trust dal patrimonio personale del Disponente e in alcuni casi dei Beneficiari.

In poche parole, i creditori personali potrebbero aggredire il patrimonio in Trust come se questo fosse intestato direttamente al Disponente o ai Beneficiari, senza alcuno schermo.

3° caratteristica del Trust: Obbligo di rendicontazione da parte del Trustee e Guardiano del Trust

Continuiamo con un altro aspetto importantissimo del Trust. Sempre secondo l'art. 2 della Convenzione dell'Aja sul Trust, affinché ci si trovi di fronte a un Trust vero e che quindi, come visto precedentemente, non possa essere dichiarato nullo da parte di un giudice, "il **Trustee** è **investito** del **potere** e onerato **dell'obbligo**, di cui **deve rendere conto**, di amministrare, gestire o disporre dei beni secondo i termini del Trust e le norme particolari impostegli dalla legge".

Questo significa che il Trustee dovrà sempre fare una attenta rendicontazione, che dovrebbe essere sia descrittiva che contabile (bilancio del Trust) proprio perché opera nell'interesse dei Beneficiari. Pertanto, senza un'attenta rendicontazione, sarebbe impossibile per i Beneficiari capire se il Trustee stia agendo nel loro interesse.

Molto spesso nella pratica accade che la rendicontazione, sia descrittiva che contabile, venga consegnata a un **Guardiano** ("Protector" in lingua inglese) spesso nominato dagli stessi Beneficiari. Il Guardiano quindi avrà l'onere e l'onore di verificare l'operato del Trustee e interfacciarsi con i Beneficiari (vedi Parte V - Libro Eventi, Esercizio Finanziario e Rendicontazione" della Bozza di Atto di Trust).

L'obbligo di rendicontazione, come già visto prima **elemento essenziale** per la **validità** stessa del **Trust**, è un punto molto importante ma spesso, anzi **spessissimo**, viene **sottovalutato**.

Tanti imprenditori, purtroppo per loro, hanno istituito dei Trust nominando come Trustee soggetti che non avevano minimamente idea dell'attività da svolgere e a cui mancavano completamente le competenze di cosa significhi fare una rendicontazione descrittiva dell'attività del Trustee e redigere un bilancio del Trust.

(Per avere un'idea precisa della complessità di cosa significhi redigere un bilancio del Trust ti rinvio alla Membership, il cui link troverai nelle conclusioni di questo libro, dove potrai scaricare le linee guida del Consiglio Nazionale dei Dottori Commercialisti ed Esperti Contabili relative all'obbligo del rendiconto che il Trustee deve fare nei confronti dei Beneficiari del Trust, e degli eventuali altri soggetti, destinatari del medesimo, individuati dall'atto istitutivo di Trust).

Questo comporta che in caso di problemi e di aggressioni giudiziarie al Trust da parte di terzi creditori personali dei Disponente o dei Beneficiari, non sarà difficile per l'avvocato della controparte dimostrare che manca proprio uno degli elementi fondamentali del Trust, la rendicontazione, e ottenerne quindi la nullità.

Ciò significa che scegliere un Trustee professionale, che possiede tutti gli strumenti tecnici e giuridici per effettuare una rendicontazione puntuale e secondo quanto previsto dalla Convenzione dell'Aja sul Trust, è fondamentale per la resistenza e per la dichiarazione di validità del Trust da parte dei giudici in caso di contenzioso.

Al contrario scegliere come Trustee, come spesso purtroppo accade, solo per risparmiare o per semplice comodità, un parente o un professionista di fiducia senza alcuna competenza ed esperienza nel campo dei Trust, comporta molto probabilmente andare incontro a una dichiarazione di nullità del Trust con la possibile aggressione dei beni da parte dei creditori personali del Disponente o dei Beneficiari.

Con il Trust si risolvono tantissimi problemi di tipo patrimoniale e successori, ma affinché il Trust sia veramente efficace la scelta del Trustee che sappia anche come effettuare una corretta rendicontazione descrittiva e contabile è fondamentale.

La legge regolatrice del Trust
Un brevissimo accenno va fatto alla legge regolatrice del Trust (vedi art. 20 della Bozza di Atto di Trust). Come abbiamo visto precedentemente, la Convenzione dell'Aja sul Trust ratificata dall'Italia è una cornice che detta gli aspetti principali per essere di fronte a un Trust valido ed efficace, anche nei confronti di eventuali

attacchi di terzi creditori personali del Disponente e dei Beneficiari davanti all'autorità giudiziaria.

La Convenzione dell'Aja sul Trust, essendo però come appena detto solo la "cornice", non entra troppo nel dettaglio, lasciando alla legge regolatrice (come se fosse il nostro Codice civile rispetto alla Costituzione italiana) di ogni singolo Stato l'onere di disciplinare i dettagli giuridici, che dovranno comunque sempre essere in linea con quanto previsto dalla "cornice", o meglio dalla Convenzione dell'Aja sul Trust.

In Italia, pur avendo ratificato la Convenzione dell'Aja sul Trust e come vedremo in seguito regolamentato alcuni aspetti fiscali del Trust, non esiste una legge regolatrice. Per tale motivo per riempire la "cornice" siamo "costretti" a utilizzare una legge regolatrice straniera a nostra scelta (la più utilizzata in ambito internazionale è quella di Jersey, anche se in Italia si sta lentamente diffondendo anche quella di San Marino). Ma non ti preoccupare, perché un atto di Trust ben scritto (e vedremo nel Capitolo 5 quanto è determinante la scelta del Trustee per avere un atto di Trust ben scritto) tende a prevedere quasi tutti i dettagli e a regolamentare nello specifico la vita del Trust in modo tale da non doversi rifare alla legge regolatrice, che comunque l'atto di Trust deve prevedere.

Ti faccio un esempio pratico. In Italia il nostro Codice civile disciplina la locazione dei beni immobili, ma non come visto il Trust.

Io e te potremmo sederci a un tavolo e scrivere due righe su un foglio di carta del seguente tenore: "Io, Carlo Carmine, do in locazione il mio immobile sito in Milano in Galleria San Babila 4 al canone annuale di euro 50.000".

Ti sembrerà strano ma quanto scritto, seppur stringato, per la legge italiana sarebbe assolutamente valido, infatti tutto quello che non ho previsto giuridicamente in queste due righe sarebbe disciplinato automaticamente dal Codice civile italiano. Non esistendo in Italia una regolamentazione sul Trust laddove tu, come Disponente, ti dovessi ritrovare un atto di Trust poco chiaro, poco dettagliato e lacunoso (come l'esempio della locazione appena fatto) non potresti rifarti al Codice civile italiano (non essendo il Trust disciplinato) ma saresti costretto a rifarti, non senza difficoltà, al "codice civile" straniero (legge regolatrice) da te scelto nell'Atto di Trust.

Ecco che per noi italiani è fondamentale che l'atto di Trust sia scritto bene e sia completo in tutti i suoi aspetti, in modo da non doversi mai richiamare a nessuna legge regolatrice ("codice civile") straniera. Più è dettagliato l'atto di Trust, meno dovrò rifarmi alla legge regolatrice straniera.

Ovviamente se scritto bene, come è giusto e normale che sia, non dovrò mai ricorrere ad applicare la legge regolatrice straniera.
A conferma di ciò pensa che dopo tantissimi anni di esperienza e centinaia di Trust fatti e visti, un Atto di Trust da noi redatto è lungo più del doppio della Bozza di Atto di Trust che ti ho allegato, e che come potrai constatare è già molto dettagliata.

Ultimo aspetto: la Legge regolatrice ("codice civile") del Trust non ha nulla a che vedere con la fiscalità del Trust. La scelta della legge regolatrice del Trust non incide minimamente sulla fiscalità dello stesso, che dipenderà invece quasi sempre dalla residenza fiscale del Trustee. Ad esempio, un Trust con un Trustee con la residenza

45

fiscale in Italia avrà una fiscalità italiana, indipendentemente dalla legge regolatrice scelta che, per quanto spiegato nel paragrafo precedente, sarà sicuramente straniera, non esistendo quella italiana.

RIEPILOGO DEL CAPITOLO 1:

In questo Capitolo abbiamo delineato le caratteristiche principali dell'istituto del Trust, analizzando i quattro soggetti principali (il Disponente, il Trustee, i Beneficiari e il Guardiano) e le principali caratteristiche:

- SEGRETO n. 1: Affinché un Trust possa essere considerato valido è necessario che il Trustee conservi il "controllo" sui beni in Trust.

- SEGRETO n. 2: Affinché un Trust possa essere considerato valido il Trustee deve rendere conto del proprio operato tramite una rendicontazione contabile e descrittiva.

- SEGRETO n. 3: il patrimonio trasferito in Trust è un patrimonio autonomo e separato dal patrimonio del Disponente (imprenditore), del Trustee e dei Beneficiari.

Vai alla pagina delle Conclusioni di questo libro, in cui troverai un link per accedere all'area *Membership* del libro dove troverai tutte le sentenze menzionate e di supporto a questo libro, i video e altri contenuti extra pensati appositamente per te.

Capitolo 2:
Le 11 false credenze sul Trust

Ecco il capitolo che più mi affascina. Dopo circa vent'anni di incontri con imprenditori e professionisti posso tranquillamente riprendere quelli che sono nel 90% dei dubbi e delle false credenze che mi vengono sottoposte.

Il problema è che spesso i professionisti generalisti, non avendo molta esperienza con la vita del Trust, si approcciano agli imprenditori dando risposte accademiche, cosa che invece non fanno i professionisti specializzati in materia di Trust e ancora di più i Trustee professionali, grazie proprio all'esperienza accumulata nella loro attività specifica, consistente nel gestire quotidianamente e negli anni le problematiche relative alla vita del Trust.

I professionisti generalisti, infatti, molto spesso pensano che la consulenza sul Trust termini con la sua istituzione presso il notaio, guardando la situazione personale familiare e patrimoniale del

Disponente e dei Beneficiari in un determinato momento, quasi fosse una "fotografia". Al contrario, le problematiche relative al Trust si manifestano praticamente tutte durante la sua vita, che può essere anche molto lunga (pensa a come era diversa la tua vita personale, patrimoniale e familiare vent'anni fa rispetto ad oggi).

Grazie alla mia esperienza professionale di oltre vent'anni ti posso dire che le risposte dei professionisti che non si occupano personalmente della fase successiva all'istituzione del Trust, invece di chiarire i dubbi all'imprenditore, hanno purtroppo l'effetto contrario. Creano dubbi e false credenze.

Vediamo di seguito quindi le principali false credenze degli imprenditori e professionisti in materia di Trust che si approcciano alla pianificazione della propria tutela e difesa patrimoniale.

1. Se istituisco un Trust devo spossessarmi di tutto

Questa credenza purtroppo deriva dalla confusione terminologica che i professionisti usano in fase di consulenza, utilizzando il termine "spossessarsi" in modo totalmente improprio.

Come anticipato prima, il Trust viene istituito da un Disponente (imprenditore) nell'interesse dei Beneficiari (coniuge, figli, nipoti e se stesso). Questo significa che il faro del Trust e quindi l'operato del Trustee deve sempre e solo essere rivolto all'interesse dei Beneficiari, così come definito dal Disponente nelle finalità del Trust.

Il termine "spossessarsi" è spesso confuso con "intestare formalmente i beni al Trustee".
Ciò significa, come ti spiegherò tra poco, che l'uso dei beni in Trust rimarrà praticamente identico al momento precedente l'istituzione del Trust, nella sostanza non cambierà praticamente nulla; ciò che cambierà è solo l'intestazione formale dei beni e il "controllo" su di essi da parte del Trustee come spiegato prima.

Il diritto del Trust infatti, come già anticipato nel Capitolo 1, è chiaro: i beni in Trust devono essere gestiti e tutelati nell'interesse dei Beneficiari. Ma facciamo ancora un esempio per chiarire.

Oggi sei un imprenditore che ha una casa grande, due auto, quote societarie e fondi investiti. Se trasferisci tutti questi beni in Trust a un Trustee professionale, quest'ultimo dovrà gestire i beni nell'interesse dei Beneficiari da te individuati e secondo le regole e le finalità da te stabilite nell'atto di Trust.

Quindi, se nella casa grande vivevano i Beneficiari del Trust (compreso te), ovviamente, e ripeto ovviamente, resteranno a vivere in casa, così come a utilizzare l'auto, e tu magari continuerai a essere l'amministratore della società le cui quote hai trasferito in Trust.

Come vedi, dopo aver istituito in Trust la tua vita e quella dei Beneficiari è cambiata davvero poco e non ti sei "spossessato" proprio di nulla. Magari le spese condominiali come il bollo auto lo pagherà il Trustee. Ma nella pratica l'uso dei beni resta in capo ai Beneficiari per cui hai istituito il Trust. Volendo semplificare al massimo, è come aver comprato un'auto nuova: puoi farlo tramite un finanziamento, intestando l'auto a te e poi pagando la rata, o tramite leasing, pagando sempre la stessa rata ma con l'intestazione dell'auto in capo alla società di leasing.

In entrambi i casi usi l'auto e paghi la stessa rata, ma con il leasing (come nel Trust) l'intestazione è a un altro soggetto e non a te stesso.

Quindi come vedi il possesso, inteso in questo caso come uso dei beni, che è la cosa più importante, resta identico. La grande differenza è che se l'auto o la casa sono intestate a te, questi beni potrebbero essere aggrediti dai tuoi creditori, mentre se sono intestate al Trust (o alla società di leasing) questo non può accadere

Quindi non ti preoccupare quando istituisci un Trust e trasferisci dei beni, non dovrai mai "spossessarti" di nulla. i Beneficiari (tra cui potrai esserci anche tu) avranno l'uso e quindi il possesso di tutti i tuoi beni trasferiti in Trust, secondo quanto stabilito da te e secondo le finalità individuate nell'atto istitutivo di Trust con l'unica condizione del "controllo" effettivo di quest'ultimo da parte del Trustee, così come spiegato nel Capitolo 1.

2. Se trasferisco la mia casa in Trust devo andare via di casa
Può sembrare strano ma durante i tantissimi incontri che ho fatto mi sono sentito dire anche questo. Ma ovviamente è tutto falso. Ricordati che le regole e le finalità del Trust le decidi tu, sei tu che fai il Trust e, a meno che tu non ti stia facendo seguire da dei "non"

professionisti, questa credenza non ha davvero senso.

Come ti ho spiegato nel paragrafo precedente l'uso dei beni in Trust, se lo hai stabilito nell'Atto di Trust, rimane nella sostanza ai Beneficiari tra cui puoi o meglio dovresti esserci anche tu. Per cui, una volta intestata formalmente la casa al Trust (o meglio al Trustee), se nell'atto istitutivo di Trust hai previsto che il Trustee debba provvedere a dare una casa ai Beneficiari (tra cui come detto potresti esserci anche tu), ovviamente il Trustee lascerà l'uso della casa agli stessi, quindi non dovrai certo andare via di casa.

3. E se dopo aver istituito il Trust, il Trustee fallisce? O scappa?
Se il Trustee dovesse fallire, come spiegato nel Capitolo 1, saranno previste nell'atto di Trust (se scritto bene) le modalità di cambio e nomina del nuovo Trustee senza alcuna conseguenza al patrimonio in Trust (Vedi Parte III della Bozza Atto di Trust).

Esattamente come nello statuto delle società è previsto cosa accade qualora l'amministratore della società non possa continuare per un qualunque motivo a ricoprire la propria carica, così nell'Atto di Trust sarà previsto come cambiare il Trustee se per qualunque motivo (per esempio in caso di liquidazione, fallimento o morte) non possa continuare a ricoprire questo ruolo.

Un atto di Trust ben scritto disciplinerà sicuramente questi aspetti, in caso contrario (e purtroppo di atti di Trust scritti male ne ho visti tanti) qualora non siano disciplinati bisognerà, come spiegato nel Capitolo 1, rifarsi non senza difficoltà alla legge regolatrice del Trust o a un giudice.

Nella sostanza, comunque in ogni caso il fallimento del Trustee non incide minimamente sui beni trasferiti in Trust.

E se il Trustee "scappa" con i beni in Trust?

Trust vuol dire fiducia. Esattamente come fai quando nomini un amministratore della tua società o un procuratore, dovrai da un lato scegliere bene il Trustee su cui riporre la tua fiducia, quindi è sempre preferibile rivolgersi a chi svolge l'attività di Trustee come professione principale e con esperienza, dall'altro esistono comunque dei modi per ridurre drasticamente i rischi che il Trustee sia infedele e utilizzi in modo improprio i beni in Trust, o addirittura li venda e si appropri del ricavato.

Il primo modo è rivolgersi a Trustee professionali che abbiano stipulato delle adeguate polizze assicurative, ma la cosa a cui fare attenzione è che siano polizze specifiche per l'attività di Trustee e che non siano generiche polizze sulla responsabilità professionale. Il secondo modo, specialmente se dovessi scegliere un Trustee non professionale, sarebbe quello di prevedere all'interno dell'atto istitutivo di Trust delle regole e delle limitazioni all'operato del Trustee.

Ad esempio, potresti prevedere che qualora il Trustee volesse o dovesse vendere una casa o delle quote societarie dovrebbe ottenere il consenso vincolante o la presenza fisica del Guardiano al momento della compravendita. Questo significa che il Notaio non accetterà di stipulare l'atto di vendita dell'immobile, se non dopo aver verificato la presenza del consenso scritto o ancora di più la presenza fisica del Guardiano da te individuato e persona di tua fiducia.

Ecco che una volta individuato un Trustee che svolge questa attività in modo professionale, con esperienza, che abbia stipulato un'adeguata polizza assicurativa e con la previsione di qualche clausola ben scritta nell'atto di Trust, sarai molto più sereno e tutelato.

Ovviamente dovrai porre particolare attenzione alla stesura dell'atto di Trust per evitare di limitare troppo i poteri del Trustee, perché, come evidenziato nel Capitolo 1, affinché il tuo Trust sia considerato valido e non sia dichiarato nullo in caso di attacco giudiziario da parte di terzi creditori, è necessario che i beni in Trust siano posti effettivamente sotto il "controllo" del Trustee.

4. Il Trust dura per sempre

Non ci crederai ma il Trust può durare anche solo un minuto. Se da un lato nelle centinaia di Trust che ho visto posso dire che nel 99% dei casi nessuno mai ha voluto anticipare la chiusura del Trust prima della sua naturale scadenza, dall'altro voglio dirti che è possibile farlo in ogni momento.

Il Trust è istituito nell'interesse dei Beneficiari e spesso nell'atto di Trust (specialmente se ben scritto) sono già previsti i Beneficiari finali (come se fosse un testamento) e le modalità di ripartizione del patrimonio dei beni in Trust.

Ad esempio, potrebbe essere previsto che al termine della durata del Trust, i beni in Trust siano trasferiti ai figli in parti uguali. Immagina di istituire un Trust il primo gennaio avente durata di trent'anni e individuando i tuoi figli come Beneficiari finali. Il giorno successivo, il 2 gennaio, qualora tutti i Beneficiari (tra cui ripeto dovresti esserci anche tu) decidessero di chiudere il Trust anticipatamente potrebbero tranquillamente farlo (secondo normalmente la legge regolatrice straniera dell'Atto di Trust e secondo anche la giurisprudenza internazionale sui Trust). A questo punto i beni in Trust, così come se fosse sopraggiunta la scadenza naturale dei trent'anni, saranno trasferiti in parti uguali ai Beneficiari finali da te individuati, quindi, nell'esempio, i tuoi figli. Come vedi il Trust può durare anche solo un giorno.

Nella pratica però, come ti dicevo, questo non accade mai. I motivi sono semplici. Nel momento in cui comprendi appieno il funzionamento del Trust e tutti i suoi vantaggi avrebbe poco senso trasferire anticipatamente i beni ai Beneficiari per due ragioni: la prima è che i Beneficiari già "usano" i beni in Trust, e la seconda è che pur potendo "usare" i beni in Trust questi ultimi non sono aggredibili dai loro eventuali creditori personali e inoltre non possono subire attacchi dovuti a eventuali separazioni o divorzi, cosa che invece accadrebbe una volta trasferiti i beni direttamente a loro.

Infatti, terminato il Trust o comunque una volta trasferiti i beni ai Beneficiari finali, gli stessi beni entrerebbero nella loro sfera patrimoniale personale divenendo nuovamente facilmente aggredibili.

Come spunto di riflessione ti dico che ormai nel mondo anglosassone, consapevoli di ciò si stanno diffondendo sempre di più i "Perpetual Trust", i Trust senza alcuna fine. Infatti è ormai chiaro a tutti che se posso usare un bene non mi interessa esserne titolare formale.

5. Non posso cambiare idea sui Beneficiari

Come vedremo nei prossimi capitoli questo è spesso un grande errore dei consulenti poco preparati, che aiutano gli imprenditori nella redazione dell'atto di Trust e prevedono delle clausole in cui una volta nominati e individuati i Beneficiari del Trust non possono essere mai cambiati.

A mio avviso, al contrario, se da un lato il Disponente imprenditore non deve incidere nella gestione del Trust lasciando invece il "controllo" sui beni in Trust al Trustee, dall'altro è opportuno prevedere che lo stesso Disponente possa, nel tempo, magari con il consenso del Guardiano, aggiungere o eliminare dei Beneficiari, prevedendo comunque, ai fini di una maggiore tenuta della validità giuridica e fiscale del Trust, che non possa mai nominare sé stesso come Beneficiario finale.

Istituire un Trust è diverso dall'azione di donare dei beni. Oggi posso istituire un Trust e la mia situazione familiare può sembrare cristallizzata, ma magari nel tempo le cose possono cambiare e anche di molto.

Ecco che delle clausole dell'Atto di Trust scritte bene, che non incidano sul "controllo" del Trustee sui beni in Trust, ma che diano una certa flessibilità al Disponente sono sicuramente la strada preferibile. Pertanto non è vero che non posso cambiare idea sui Beneficiari del Trust, anzi decidere a chi lasciare i tuoi beni e come farlo è e sarà sempre un tuo diritto, così come la possibilità di cambiare idea.

6. Come Disponente che istituisce un Trust, non posso esserne Beneficiario

Anche in questo caso, tale affermazione è falsa, e oserei affermare proprio il contrario: tu, devi essere Beneficiario del Trust da te istituito.

Hai lavorato una vita intera e certo istituire un Trust familiare non deve equivalere a elargire beneficenza. Infatti, se l'imprenditore trasferisse tutti i suoi beni in Trust senza nominare se stesso "Beneficiario del reddito" prodotto da tali beni, non avrebbe più di cosa vivere.

Per tale motivo il consiglio che un professionista specializzato deve sempre dare all'imprenditore (Disponente) che vuole istituire un Trust è di nominare sé stesso "Beneficiario del reddito". In questo modo l'imprenditore potrà continuare a vivere dei frutti prodotti dai suoi beni ormai trasferiti in Trust, esattamente come accadeva prima della sua istituzione.

Ovviamente, ma non voglio entrare troppo nel tecnico, qualora nel Trust non ci dovessero essere dei redditi derivanti dai beni in esso trasferiti (affitti derivanti dalla locazione di immobili, dividendi societari, frutti di gestione finanziaria) il Trustee, al fine comunque di rispettare le finalità del Trust e di agire nell'interesse dei Beneficiari del reddito tra cui il Disponente, potrebbe vendere parte dei beni in Trust (immobili, partecipazioni, fondi investiti) e con i frutti di queste operazioni provvedere al loro mantenimento.

A parte le considerazioni di opportunità ti ricordo poi che proprio la Convenzione dell'Aja prevede che il fatto che il Disponente sia anche Beneficiario del Trust non comporti di per sé nessun problema.

L'art. 2 della Convenzione dell'Aja termina infatti affermando che **"il fatto che il costituente conservi alcune prerogative** o che il Trustee stesso possieda alcuni diritti in qualità di Beneficiario **non è necessariamente incompatibile con l'esistenza di un Trust"**. Questo significa che il **Disponente** potrà, proprio ai sensi della Convenzione dell'Aja, essere tranquillamente un **Beneficiario del reddito** del Trust.

L'importante è sempre che il **Trustee** abbia il "controllo", così come spiegato nel Capitolo 1, sui beni in Trust, rispettando quanto stabilito dal Disponente nell'Atto di Trust, che agisca nell'interesse dei Beneficiari e faccia un'attenta rendicontazione descrittiva e contabile da consegnare magari al **Guardiano**.

7. Il patrimonio in Trust è un patrimonio fisso e non modificabile

Non c'è alcuna differenza tra la vita di un patrimonio trasferito in Trust e quella di un patrimonio intestato direttamente a te. Il Trustee deve seguire le esigenze mutevoli nel tempo dei Beneficiari.

Facciamo un esempio. Hai trasferito in Trust una bellissima casa al mare dove la tua famiglia normalmente trascorre l'estate.

Oggi i tuoi figli (Beneficiari del Trust) sono adolescenti. Tra pochissimi anni le loro esigenze cambieranno.

Il figlio maschio avrà l'opportunità di iscriversi a una prestigiosa università a Londra e la figlia di iscriversi alla prestigiosissima accademia alla Scala di Milano.

Molto probabilmente, in assenza di alternative economiche, per aiutarli avresti venduto la casa al mare per permettergli di intraprendere la loro carriera e diventare presto autonomi e realizzati.

La stessa cosa accade in caso di trasferimento dei beni in Trust.

Il Trustee dovrà preoccuparsi di seguire quelle che sono le tue indicazioni e le Finalità individuate nell'atto di Trust che tu stesso avrai deciso e che credo rispecchieranno esattamente il tuo sentire come padre. Il Trustee, rispettando le finalità del Trust, e così come avresti fatto tu se fossi stato ancora titolare del tuo patrimonio, venderà la casa al mare e si preoccuperà di pagare l'università, l'accademia e le spese di vitto e alloggio dei tuoi figli, Beneficiari del Trust.

Magari con la cifra non spesa per le esigenze dei Beneficiari provvederà, insieme a un gestore professionale, scelto d'intesa con il Guardiano, a investire in fondi a basso rischio o magari comprerà una casa più piccola per metterla a reddito o per lasciarla alla famiglia per l'estate.

Come vedi le combinazioni sono infinite così come lo sono la vita e le esigenze dei Beneficiari da te individuati. Pertanto, il patrimonio in Trust è un patrimonio dinamico, che dovrà essere gestito nell'interesse e secondo le esigenze mutevoli nel tempo dei Beneficiari.

8. Il ruolo di Trustee lo può ricoprire qualunque soggetto

Se vuoi risparmiare sì... e se vuoi mettere a rischio il tuo patrimonio anche.

Il Trust è uno strumento giuridico meraviglioso, credo il più completo che oggi possa esistere, ma proprio per questo c'è bisogno di estrema professionalità, competenza ed esperienza.

D'altronde sarebbe come avere un problema importante di salute e affidarsi all'amico idraulico o notaio che ha letto un articolo su una rivista di benessere. Se sei un imprenditore o un professionista sai che questa credenza proprio non va bene.

Se vuoi il massimo, con meno rischi, devi andare da dei professionisti specializzati in questo campo e con molta esperienza alle spalle. Anche perché, come spiegato prima, qualora il Trust non sia gestito professionalmente da soggetti competenti, anziché risolvere i tuoi problemi patrimoniali potresti moltiplicarli.

Ti ricordo che in caso di attacco al Trust da parte dei tuoi creditori personali o anche da parte dei creditori dei Beneficiari, uno dei requisiti della genuinità del Trust è proprio affidarsi a un soggetto terzo che eserciti in modo professionale e retribuito l'ufficio di Trustee, ciò come prova della sua indipendenza rispetto alla figura del Disponente e dei Beneficiari.

Infatti, il vantaggio della segregazione del patrimonio viene concesso dalla legge proprio perché quel patrimonio non fa più riferimento al soggetto che ha istituito il Trust, cioè il Disponente, ma fa riferimento al Trustee nei limiti di quanto stabilito nell'atto di Trust.

9. Il Trust si può istituire solo all'estero

Se vuoi mettere a rischio il tuo patrimonio, sicuramente è la scelta giusta...

È proprio quello che è accaduto a molti clienti che ho incontrato negli ultimi vent'anni. Senza alcun motivo, convinti da professionisti "Venditori", interessati più a "piazzare" un prodotto che a dare un reale servizio al cliente, hanno deciso di istituire Trust con Trustee residenti nei Paesi più belli del mondo. Bahamas, British Virgin Island e non ultima la Nuova Zelanda. Scelte per molti di loro davvero senza senso.

Questi Paesi così belli ma così lontani sono davvero pericolosi per la maggior parte dei clienti. Considera che se vuoi parlare con il Trustee a volte capita che solo per colpa del fuso orario (pensa alla Nuova Zelanda) scrivi oggi, leggono e rispondono domani, e a tua volta tu puoi rispondere dopodomani.

Aggiungi a tutto questo che trattandosi spesso di Paesi molto piccoli territorialmente, nel caso in cui nascesse un contenzioso con il Trustee, potersi difendere e ottenere giustizia diventerebbe molto complicato per una serie infinita di motivi.

Primo tra tutti gli eccessivi costi degli avvocati in quei luoghi, la difficoltà di rapportarsi a culture giuridiche molto diverse dalla nostra, senza dimenticare i rapporti molto stretti che possono instaurarsi tra i Trustee e gli avvocati stessi, che spesso lavorando nello stesso ambito si conoscono e hanno rapporti molto vicini tra loro. Il diritto è diritto, ma spero di averti passato il messaggio. Inoltre, avendo questi paesi dimestichezza con lo strumento del Trust davvero da centinaia di anni, sono molto lontani dalla nostra cultura giuridica.

Pensa che mi è capitato di incontrare clienti con Trust istituiti in Nuova Zelanda che, grazie ai professionisti "venditori" di cui sopra, non si erano resi conto di aver lasciato il potere di cambiare i Beneficiari del Trust proprio al Trustee.

Questo significa che il Disponente, che nel 90% dei casi non aveva neanche incontrato il suo Trustee, aveva lasciato a quest'ultimo il potere di cambiare i Beneficiari a sua completa discrezione e magari nominare dei suoi parenti.

Cose folli! Puoi immaginare lo sconcerto di queste persone nello scoprire, con il mio aiuto, di aver praticamente consegnato nelle mani di uno sconosciuto il proprio patrimonio.

Negli ultimi vent'anni poi ho incontrato anche Beneficiari di Trust che "sapevano" che ad esempio i propri genitori avevano istituito dei Trust all'estero, ma i genitori non gli avevano mai consegnato un originale dell'Atto di Trust. Sai cosa è accaduto? Sono andati a parlare con il Trustee che, senza documenti in originale, non gli ha nemmeno aperto la porta. Milioni di euro spariti…

Le persone a volte hanno timore di istituire un Trust in Italia con un Trustee professionale, competente, con esperienza e italiano, ma poi grazie ai professionisti "venditori" istituiscono dei Trust all'estero. Spesso in un Paese con 24 ore di differenza di fuso orario rispetto al nostro, senza aver mai conosciuto o incontrato il Trustee straniero e con l'aggravante che parla un'altra lingua.

Se sei un imprenditore di successo che guarda a domani, non puoi permetterti di commettere questi errori. In Italia esistono dei Trustee professionali che danno tutte le garanzie che cerchi.

Quindi il Trust sicuramente può essere istituito e gestito all'estero da un Trustee estero, ma ciò soltanto in ipotesi eccezionali e residuali: nel 99% dei casi è assolutamente opportuno e doveroso istituirlo in Italia con Trustee professionali residenti in Italia.

10. Il Trust è solo per grandi patrimoni

Cosa significa "grandi patrimoni"? Ho conosciuto imprenditori e professionisti che fatturano centinaia di milioni di euro che ovviamente hanno una percezione del denaro diversa da altri che fatturano centinaia di migliaia di euro. Un patrimonio del valore di 500.000 euro (Valore di un trilocale a Milano) per i primi, come puoi immaginare, vale poco, per i secondi rappresenta magari 10 anni di lavoro e il centro della propria famiglia.

Per essere chiari, il costo di un Trustee professionale oggi è molto simile a quello di un commercialista per gestire la contabilità di una società a responsabilità limitata (Srl). Non voglio sminuire l'attività del commercialista, che se ben fatta può essere di grande aiuto, ma come puoi capire, una cosa è sostenere un costo per la contabilità della propria società di capitali, un'altra è tutelare il proprio patrimonio i propri risparmi e la propria famiglia.

Come dico sempre durante i vari incontri per l'Italia con gli imprenditori: qualora si dovesse presentare un problema, e purtroppo la vita ne presenta tanti, quanto varrebbe non perdere 500.000 euro, o 4 milioni di euro, o 40 milioni di euro? In quel momento moltissimo! Ma forse in quel momento non si può fare più nulla. Se sei un imprenditore di successo sai benissimo che bisogna tutelarsi e risolvere i problemi prima che si presentino. Ho visto purtroppo tantissimi imprenditori che per risparmiare 400 o 500 euro al mese hanno poi perso tutto quello che avevano. Cose da matti, e poi magari ne spendevano il triplo al mese per acquistare o noleggiare una macchina per la passeggiata domenicale.

Il Trust è per tutti. Per ogni patrimonio. E giro la frase: quanto vale non perdere il 100% del tuo patrimonio? Quanto saresti disposto a spendere per conservarlo in caso di problemi? Tutelarsi prima ti farà risparmiare moltissimo... oltre a dormire meglio.

Aggiungo poi che per i veri imprenditori di successo che guardano al domani, potendolo fare, l'ideale è che il Trust sia istituito prima di iniziare una nuova attività imprenditoriale (vedi il prossimo capitolo). Proprio come ti anticipavo nell'introduzione del libro, in questo modo starai davvero tutelando al 100% il tuo successo, che non potrà essere oggetto di nessuna aggressione da parte di terzi creditori personali né tuoi né dei Beneficiari; e anche qualora qualche creditore, nonostante l'istituzione del Trust, tenti di aggredire ugualmente il tuo patrimonio trasferito in Trust, quest'ultimo da te istituito al momento opportuno e con gli elementi fondamentali che ti ho descritto nei capitoli precedenti, non correrà alcun rischio di essere annullato o privato di una parte del patrimonio in esso conferito (vedi il Capitolo 6).

11. Il Trust non è legale e se lo istituisco arriva un accertamento dell'Agenzia delle Entrate

Sì, è vero! L'Agenzia delle Entrate arriva... a complimentarsi con te. Ovviamente è una falsa credenza.

Il Trust, per chi lo conosce, è lo strumento giuridico più trasparente che esista, specialmente nei confronti del fisco.

Considera che appena istituito il Trust dal Notaio bisogna andare all'Agenzia delle Entrate e presentare copia dell'atto di Trust per ottenere il Codice Fiscale. La banca ti chiede l'atto di Trust per aprire il conto corrente e così via. Aggiungo poi che specialmente se vai da un Trustee professionale, che opera quindi nel massimo della trasparenza e correttezza, proprio nei confronti del fisco aumenta la tutela.

Infatti, il Trustee tenderà a versare tutte le imposte in modo assolutamente corretto, nel tuo interesse e nell'interesse del fisco. Ciò non certo per spirito di solidarietà nei confronti del fisco, ma perché se il Trustee non versasse correttamente le tasse dovute, in caso di un avviso di accertamento da parte dell'Agenzia delle Entrate sarebbe passibile di responsabilità professionale nei confronti dei Beneficiari che potrebbero fargli causa e chiedergli i danni. Per tale motivo i Trustee professionali con esperienza agiscono sempre nella maniera più corretta possibile nei confronti del fisco.

Termino quindi con una provocazione: se tutto il patrimonio italiano fosse conferito in Trust con Trustee professionali competenti e con esperienza, il versamento delle imposte aumenterebbe in modo naturale a beneficio di tutti.

RIEPILOGO DEL CAPITOLO 2:

In questo Capitolo abbiamo visto le principali false credenze sull'istituto del Trust a causa delle quali la diffusione e l'uso dello strumento giuridico ancora non è stato importante.

- SEGRETO n. 4: Se come Disponente istituisci un Trust, è opportuno e consigliabile che resti tra i Beneficiari del Trust.
- SEGRETO n. 5: Il Trust normalmente ha una durata molto lunga, ma con il consenso di tutti i Beneficiari può terminare in ogni momento della sua vita.
- SEGRETO n. 6: Se il Trustee fallisce o muore, all'interno dell'atto di Trust ci saranno delle clausole che prevedono come nominare il nuovo Trustee.
- SEGRETO n. 7: Un atto di Trust ben scritto prevedrà la facoltà per il Disponente di cambiare i Beneficiari del Trust.

Vai alla pagina delle Conclusioni di questo libro, in cui troverai un link per accedere all'area *Membership* del libro dove troverai tutte le sentenze menzionate e di supporto a questo libro, i video e altri contenuti extra pensati appositamente per te.

Capitolo 3:

7+1 casi pratici

Perché non ho istituito prima il mio Trust

In questo capitolo tratteremo di casi pratici e concreti, in modo da poter cogliere davvero il valore aggiunto che il Trust può avere per la tua vita, la tua azienda e per i tuoi familiari.

Se sei un imprenditore di successo comprenderai che ti conviene iniziare a pensare al Trust, o ancora meglio a istituirlo, prima di finire di leggere questo libro. Adesso ti farò degli esempi reali che ho riscontrato negli ultimi anni, e comprenderai come per un imprenditore istituire un Trust oppure non averlo realizzato possa impattare concretamente in maniera davvero importante sulle proprie vicende personali e patrimoniali.

1. Il passaggio generazionale dell'azienda

Un imprenditore ha lavorato tutta la propria vita insieme a sua moglie, creando una bellissima azienda. Anni di sacrifici ripagati dal fatto di essere considerati una bella realtà e magari avere anche un brand davvero di successo. L'imprenditore, di nome Alberto, aveva tre figli. Il più grande aveva intrapreso una carriera sportiva, il secondo una carriera manageriale dopo essersi laureato in una prestigiosa università di economia e management, e la terzogenita aveva intrapreso la carriera nel mondo della danza.

Nel momento del passaggio a miglior vita di Alberto, le quote della società passarono in eredità in parti uguali a tutti e tre i figli. Questa situazione capita spessissimo perché i genitori pensano che essendo i figli tutti "uguali" debbano ricevere in eredità tutti la stessa quantità e qualità di patrimonio. Purtroppo, alla prima assemblea soci, i due figli non abituati alla vita aziendale (parliamo dello sportivo e dell'amante della danza), avendo ereditato la maggioranza delle quote della società, cominciarono a prendere decisioni poco pratiche e poco pragmatiche per la vita dell'azienda, influenzati purtroppo anche dai rispettivi coniugi.

Penso che di queste storie ne avrai sentite davvero tante. In pochi mesi l'azienda florida e sana inizia a perdere clienti e fatturato e a produrre un prodotto non più in linea con le aspettative dei clienti.

Fatto sta che il valore dell'azienda ben presto si riduce, così come i fidi bancari. Nel giro di qualche anno l'azienda va in difficoltà, fino a chiudere. Il figlio grande con esperienza manageriale comunque trova la sua strada, mentre gli altri due, che forse il padre voleva tutelare maggiormente considerata la loro scarsa propensione aziendale e manageriale, si trovano in grande difficoltà a mantenere il loro precedente tenore di vita. Certamente questa situazione appena delineata, e credo a te conosciuta, non è quella che si aspettava l'imprenditore Alberto.

Cosa sarebbe accaduto se invece Alberto avesse istituito un Trust quando era ancora in vita? Avrebbe potuto trasferire in Trust il 100% delle quote della società e indicare al Trustee che l'amministratore della società avrebbe dovuto essere il figlio con esperienza manageriale, mentre i frutti derivanti dai beni in Trust (ad esempio i dividendi distribuiti dalla società) sarebbero stati distribuiti in parti uguali tra i figli, nominati Beneficiari del Trust. In questo modo, sembrerà strano, ma le persone che Alberto avrebbe tutelato erano i figli che avevano meno capacità imprenditoriale.

Senza voler approfondire troppo, prova a immaginare se nel caso di Alberto, senza l'istituzione del Trust, dovesse venire a mancare uno dei suoi eredi diretti, ad esempio un figlio.

In questo caso la situazione si complicherebbe ancora di più, in quanto le quote societarie sarebbero divise in eredità (con la relativa gestione) non solo tra i figli di Alberto, ma anche tra i figli e il coniuge del figlio deceduto, con una parcellizzazione delle quote ancora più accentuata.

Sottolineo comunque che oltre all'aspetto puramente economico e di protezione del patrimonio per assicurare un futuro ai tuoi figli, con l'istituzione del Trust potresti avere la possibilità e la grande soddisfazione di far proseguire la tua azienda a cui hai dedicato tanti anni di sacrifici, anziché vederla chiudere nel giro di pochi anni.

Aggiungo che con il Trust eviteresti anche che i benefici derivanti dalla gestione aziendale possano essere distribuiti a persone ben lontane dalla tua famiglia in linea retta (figli, nipoti), ad esempio i coniugi dei tuoi figli (storie viste e riviste…).

Con l'istituzione del Trust infatti, facendo attenzione a determinate clausole, potresti prevedere che i benefici del Trust siano attribuiti solo ed esclusivamente ai tuoi discendenti in linea retta.

2. Ottenimento di prestiti in cambio di rilascio di fideiussioni personali

Ogni imprenditore "che si rispetti" ha dovuto rilasciare fideiussioni alla banca per ottenere dei fidi o dei finanziamenti per la propria azienda, e sa benissimo che la vita aziendale così come quella personale ha degli alti e bassi. Magari con fatica sei riuscito nel corso degli anni a comprare una casa familiare, una casa al mare, a fare degli investimenti in altre società.

Purtroppo nei momenti difficili, molto ricorrenti negli ultimi anni, le cose possono non andare nel modo giusto. Le difficoltà aziendali a questo punto, in conseguenza delle fidejussioni personali rilasciate alle banche per ottenere finanziamenti, o peggio ancora, fatte rilasciare ad altri parenti stretti (coniuge e figli), in caso di mancato pagamento dei prestiti possono ricadere in modo negativo sul tuo patrimonio personale, o su quello dei tuoi parenti. Cosa che purtroppo accade spessissimo.

Considera poi che quando le cose non vanno bene, un'aggressione da parte della banca o di un qualunque creditore sui tuoi beni personali può avere effetti devastanti. Pensa ad esempio che un debito di 100.000 euro può trasformarsi, se non ti sei tutelato per tempo, in un problema da 300.000 o 400.000 euro.

Mi spiego meglio. Un'ipoteca iscritta da parte del creditore per un valore di 100.000 euro comporta che il tuo bene, che magari vale 300.000 euro, potrebbe essere venduto all'asta per meno della metà del suo valore, e nel frattempo il debito iniziale di 100.000 euro salirebbe per colpa delle spese giudiziali e degli interessi moratori maturati, anche del doppio.

Ovviamente istituire un Trust quando ormai le difficoltà economiche si sono già palesate non è opportuno e non risolverebbe i tuoi problemi, come vedremo nel Capitolo 6.

Come ti ho già spiegato la soluzione ideale è anticipare i tempi e istituire il Trust quando le cose vanno bene, e non si hanno situazione debitorie personali o aziendali ormai problematiche.

Adesso ti mostrerò la differenza esistente quando, in caso di rilascio di fideiussioni personali, il Trust sia stato istituito prima del rilascio delle fideiussioni, oppure in momento successivo.

Istituendo il **Trust** in un periodo **precedente** al **rilascio** delle **fideiussioni** e quindi quando il debito non è ancora nato, il Trust e i beni in esso trasferiti risulteranno totalmente inattaccabili da parte della banca o di qualsiasi altro creditore personale. Pertanto, qualora la tua azienda versi in stato di difficoltà economica e non riesca a restituire il finanziamento alla banca, qualora quest'ultima decida di attaccare il tuo patrimonio personale conferito in Trust con un'azione revocatoria a causa della fideiussione personale rilasciata, non potrà farlo, perché il Trust è stato istituito prima del rilascio della fideiussione stessa.

Aggiungo: se, nell'esempio precedente, il **Trust** è **istituito dopo** il **rilascio** della **fideiussione** personale alla banca, in caso di mancato pagamento della tua azienda, la banca potrà esercitare un'azione revocatoria (vedi Capitolo 6) per revocare il trasferimento dei beni in Trust solo se sono trascorsi meno di cinque anni dal trasferimento stesso. Se invece l'azione revocatoria venisse azionata oltre il termine dei cinque anni dal trasferimento dei beni in Trust, questi ultimi non potrebbero essere più aggredibili.

Pertanto, anche in questo caso l'istituzione del Trust costituito successivamente al sorgere del debito, ma con un'aggressione successiva ai cinque anni dal trasferimento dei beni in Trust, sarebbe la scelta migliore e ti permetterebbe di tutelare completamente il tuo patrimonio.

Spero che con questi esempi ti sia reso conto dell'importanza che riveste il fattore tempo nella scelta di istituire il tuo Trust. Anticipare i tempi spesso significa salvaguardare per sempre il tuo patrimonio, i tuoi soldi e la tua famiglia.

3. Onlus di beneficenza - Filantropia

Voglio lasciare una parte o tutti i miei beni in beneficenza! Questo è quello che vorrebbero intimamente tanti imprenditori e tanti filantropi. Purtroppo, però, questi imprenditori non si fidano di donare o lasciare in eredità i propri beni a enti caritatevoli perché temono che i fondi potrebbero essere utilizzati impropriamente e non per quello che avevano immaginato e sperato.

Facciamo un esempio.

Sei un imprenditore con il desiderio di donare parte del tuo patrimonio per ampliare una struttura ospedaliera, ma hai timore che lasciando in eredità o trasferendo in vita una somma di denaro importante all'ospedale, quest'ultimo utilizzerà questa cifra per pagare altre cose come ad esempio gli stipendi dei dipendenti o le tasse o altro ancora, e in questo modo non si realizzerebbe la tua volontà.

Come puoi immaginare questo accade spessissimo, ma fino a quando sei in vita hai almeno la possibilità di verificare, seppur non di decidere, come vengono spesi i tuoi soldi (che almeno siano iniziati i lavori o almeno ci sia l'intenzione di portarli avanti), mentre quando non ci sarai più, sarà impossibile verificare la corretta destinazione dei fondi donati (o lasciati in eredità) all'ospedale.

Istituendo il Trust puoi invece risolvere immediatamente questo problema. Infatti potresti istituire un Trust trasferendo una cifra importante al Trust stesso e chiedendo al Trustee professionale di preoccuparsi di realizzare una nuova ala dell'ospedale, e solo al completamento di questa ultima intestarla all'ente ospedaliero. O magari potresti chiedere al Trustee di comprare, secondo le esigenze dell'ospedale, dei nuovi macchinari o delle autoambulanze.

In questo modo sarai certo che il tuo desiderio di comprare o realizzare qualcosa verrà rispettato e i fondi saranno utilizzati solo per quello che avevi previsto. Soltanto il Trust è lo strumento che permette di destinare dei fondi a delle specifiche finalità e fare in modo che queste siano rispettate, in quanto ci sarà un soggetto terzo non interessato (Trustee professionale) a garanzia del rispetto delle tue volontà.

4. Gestione di beni ereditari indivisibili (immobili di pregio e opere d'arte)

Sai quali sono le cause legali che durano di più in Italia? Quelle ereditarie. Incredibile, ma mediamente durano sette anni. Questo significa che, normalmente, qualora l'imprenditore non preveda tramite testamento una divisione del bene lasciato in eredità tra gli eredi, sempre che tale divisione sia possibile (ad esempio le opere d'arte o molti immobili per la loro tipologia spessissimo non sono divisibili), molto probabilmente gli eredi cominceranno a litigare sulla destinazione di tali beni.

Queste situazioni sfociano poi inevitabilmente in cause legali tra gli eredi lunghe e molto dispendiose.

Tra l'altro questa tipologia di contenzioso risulta essere quella dove l'emotività, e i rapporti spesso incrinati tra i parenti, nonché i ruoli giocati dai rispettivi coniugi, portano gli eredi stessi a non trovare quasi mai un accordo economico consensuale. Proprio per questo motivo le cause durano tantissimo e si risolvono solo con la sentenza di un giudice, causando agli eredi stessi danni economici rilevantissimi.

Aggiungi a ciò che, se anche uno solo degli eredi dovesse avere dei problemi legali (per responsabilità civile, per delle fideiussioni rilasciate, per debiti con il fisco) ne risentirebbero tutti gli altri eredi, i quali si vedrebbero attaccare i beni ereditati in comune.

Il creditore dell'erede, infatti, potrebbe pignorare la quota ereditata del bene indiviso aggravando ancora di più la situazione appena vista.

Per ultimo pensa all'eventualità del decesso di uno degli eredi. In questo caso la quota dell'erede sarebbe suddivisa tra i propri eredi parcellizzando la sua quota e rendendo ogni fase di accordo ancora più complicata.

Questi pochi esempi che ti ho elencato (ma ce ne sarebbero molti altri) ti dovrebbero mettere in allarme. Una vita a costruire il tuo patrimonio, con il desiderio di lasciarlo ai tuoi eredi, e un attimo per essere distrutto da questi ultimi.

Il problema poi non è solo economico (come ti ho già detto vendere un bene in condivisione, oltre a richiedere anni e soldi, porta a incassare molto meno del valore dello stesso) perché spessissimo anche le relazioni personali tra gli eredi i relativi coniugi e figli si compromettono irrimediabilmente, a causa dei litigi causati dalla divisione del patrimonio.

Quelle che ti sto descrivendo sono situazioni che hai vissuto sicuramente anche tu in via diretta o tramite qualche parente o amico a te vicino.

Purtroppo, volendo essere realisti, se anche tu possiedi dei beni immobili di pregio indivisibili o delle opere d'arte, molto probabilmente tutto ciò potrebbe capitare anche ai tuoi eredi.

Queste problematiche fortunatamente potrebbero risolversi in modo molto agevole e definitivo con l'istituzione di un Trust.

Infatti, i proprietari del bene di pregio potrebbero istituire un Trust trasferendo il bene indiviso e indicando al Trustee che in caso di decesso del Disponente o al verificarsi di determinate condizioni, lo stesso Trustee provveda alla vendita o all'affitto dei beni trasferiti in Trust con la equa ripartizione dei proventi tra i vari eredi/Beneficiari.

I due vantaggi principali che derivano dall'istituzione del Trust rispetto alla divisione ereditaria dei beni sono, da un lato, la gestione unitaria dello stesso da parte di un solo soggetto, il Trustee professionale, dall'altro che il bene non sarà suscettibile di essere aggredito da eventuali creditori degli eredi, che paralizzerebbero la sua vendita e circolazione.

Infine, circostanza non meno importante, è che la gestione della vendita o dell'affitto del bene avverrebbe da parte di un soggetto professionale e indipendente da tutti gli eredi, il Trustee, garantendo trasparenza ed efficienza per tutti, e non per ultimo riducendo drasticamente la litigiosità tra gli eredi stessi.

5. Separazioni e divorzi

Le separazioni e i divorzi sono sempre in continua crescita e rappresentano normalmente dei momenti di grandissima tensione emotiva ed economica. Inutile nascondersi. Sapere che il tuo coniuge per i più svariati motivi vorrà attaccarti anche economicamente spesso non ti rende sereno, e questo incide pesantemente sulle tue performance anche lavorative.

Infatti in fase di separazione e divorzio la fiducia tra i partner è al minimo storico e quindi diventa difficilissimo trovare delle soluzioni condivise di gestione e utilizzo del patrimonio.
Accade così che spesso i coniugi per evitare discussioni e tensioni decidono magari di intestare i beni ai propri figli.

Ma questa decisione non fa che peggiorare la situazione, in quanto intestare dei beni a ragazzi giovani, magari ancora minorenni (in questo caso la situazione si complica, in quanto sarà necessario l'intervento del Tribunale dei minorenni per ogni successivo atto di disposizione del bene), invece di ridurre le tensioni, al contrario le aumenta. Questo perché sui tuoi figli ricadranno un peso e una responsabilità non da poco rispetto alla loro giovane età.

Aggiungo poi che spesso bisogna anche sperare che i ragazzi non facciano incontri pericolosi che possano influenzare negativamente le loro scelte, perché ricordati che intestando i beni ai tuoi figli questi ultimi potranno disporre del patrimonio da te costruito con tanta fatica senza alcun vincolo e senza limiti.

Insomma, una vita a lavorare per poi trovarsi a dover chiedere l'assenso sulla gestione dei propri beni ai tuoi giovani figli o peggio ancora al Tribunale dei Minorenni.

Questa situazione è molto comune in caso di separazione o di divorzio in quanto nessuno dei due coniugi si fida più dell'altro, considerando che spesso entrambi, nella normalità dei casi, avranno dei nuovi partner con cui costruiranno una nuova famiglia con nuove nozze e altri figli.

Inoltre, cosa non meno importante, intestare in caso di divorzio i beni ai propri figli o all'altro coniuge comporta che questi beni possano essere aggrediti dagli eventuali creditori personali dei nuovi intestatari (coniuge o figli, magari minorenni) con tutti i problemi già evidenziati.

In caso di divorzi il Trust è la soluzione ideale e sempre più spesso capita che mi venga richiesto di istituirne di nuovi.

Il Trust viene utilizzato in sede di separazione o divorzio in via stragiudiziale su accordo degli stessi coniugi e poi ratificato dal Tribunale stesso. Ovviamente l'ideale sarebbe istituire un Trust all'inizio del rapporto matrimoniale o comunque all'inizio della propria attività imprenditoriale, ma meglio tardi che mai.

Grazie al Trust i beni saranno gestiti in modo unitario da parte del Trustee che provvederà a rispettare quanto previsto nell'atto di Trust dagli stessi coniugi in sede di separazione e divorzio.
Ad esempio concedere l'uso di una casa, ma in questo caso senza

l'intestazione a un coniuge con i figli, con la previsione poi – è solo un esempio – di vendere la casa appena i figli avranno raggiunto i venticinque anni di età o avranno terminato gli studi.

Il ricavato della vendita del bene potrebbe poi essere diviso in parti uguali tra i coniugi o restare in Trust a maggior tutela di entrambi i coniugi. In questo caso poi ci sono altri due aspetti importanti. Il primo è che i beni in Trust non saranno soggetti a nessuna aggressione da parte dei creditori dei coniugi.

Il secondo è che qualora i beni in Trust dovessero creare delle rendite (ad esempio grazie ad affitti o flussi finanziari derivanti da partecipazioni societarie) non sarà il coniuge a versare gli alimenti all'altro coniuge, ma sarà lo stesso Trustee.

Questo riduce tantissimo lo stress post separazione o divorzio perché la gestione finanziaria dei beni trasferiti in Trust non potrà essere influenzata dai nuovi partner dei rispettivi coniugi poiché questi ultimi, avendo altre nuove priorità (nuova famiglia), potrebbero decidere per qualunque motivo (pensa ai ricatti economici tra i coniugi legati alla gestione e frequenza delle visite all'altro genitore dei figli minorenni) di non versare correttamente gli alimenti, ma sarà lo stesso Trustee a dare priorità al pagamento degli stessi anche in questo caso, eliminando completamente la litigiosità tra gli ex coniugi.

6. Figli minorenni o con disabilità

Questa è sicuramente la parte del libro più difficile da trattare. Non è semplice quando un genitore viene a mancare e lascia dei figli minorenni, ancora di più se hanno delle disabilità.

Spesso siamo presissimi dalla quotidianità e non pensiamo molto a questa eventualità, ma è anche vero che in determinati momenti, per un motivo o per un altro, capita di soffermarsi e allora arrivano le paure… cosa accadrebbe se non ci fossi più io?

Be', la risposta pratica è che se detieni un patrimonio, in caso di tuo decesso e in presenza di figli minori, lo stesso per la parte relativa alla loro legittima verrebbe gestito da un curatore nominato dal Tribunale dei Minorenni.

Non voglio entrare in dinamiche già viste tantissime volte, ma per i figli e altrettanto per la gestione e valorizzazione del patrimonio è quasi una sciagura. In questo caso i patrimoni mobiliari e immobiliari ereditati dai figli minori con disabilità purtroppo sarebbero gestiti non certo "nell'interesse" di questi ultimi e non certo con le dovute competenze tecniche e professionali.

Aggiungo poi che quando il minore raggiunge la maggiore età non è il massimo, infatti diventare titolari e proprietari effettivi, senza più limiti, di un patrimonio consistente, spesso, molto spesso è qualcosa che disorienta e che crea scompensi.
Con il conferimento del tuo patrimonio in Trust e con la nomina di un Trustee professionale, la parte economica, di protezione e tutela patrimoniale dei tuoi figli minori o con disabilità si risolverebbe definitivamente.

L'evento morte non avrebbe alcuna ricaduta sul tuo patrimonio in quanto quest'ultimo sarebbe già stato trasferito in Trust (quote societarie, immobili, opere d'arte). A gestirlo ci sarebbe un Trustee professionale, un operatore abituato a svolgere queste funzioni. Potrebbe continuare a gestire il patrimonio in Trust secondo le indicazioni e le Finalità da te individuate nell'Atto di Trust il quale, se scritto correttamente, certamente conterrà istruzioni anche relativamente al caso in cui tu non dovessi esserci più e i tuoi figli siano ancora minori.

In caso di un evento così nefasto non vi sarebbe alcun cambiamento sostanziale nella vita, almeno economica, dei tuoi figli minori o con disabilità, i quali nel frattempo sarebbero accompagnati economicamente non solo fino alla maggiore età, ma per tutto il tempo che tu avrai deciso con l'istituzione dell'Atto di Trust.

Il Trustee professionale da te nominato si preoccuperebbe infatti non solo di dare ai tuoi figli una casa, di pagare la loro l'istruzione e di preoccuparsi di tutte le loro esigenze economiche solo fino alla maggiore età, ma anche dopo aver compiuto i diciotto anni potrebbe continuare a tutelarli finché ci sia la necessità di farlo.

Ti ricordo poi che, indipendentemente dalla maggiore età o meno dei tuoi figli, fino a quando i beni restano in Trust i Beneficiari (i figli), potranno trarne vantaggio, ma i beni non potranno mai essere aggrediti dai creditori personali dei tuoi figli.

Quella che ti ho descritto è una situazione molto comune.

L'avrai riscontrata ad esempio in molti film ambientati negli ultimi cinquant'anni negli Stati Uniti di America.

Sono quelle scene in cui si vede un ragazzo (Beneficiario), spesso minorenne, andare dall'avvocato di famiglia per chiedere di sbloccare alcune somme di denaro (beni in Trust) lasciate dai genitori (Disponenti) in un fondo fiduciario (Trust) e gestito dallo studio legale (Trustee). La traduzione in italiano in questi film è stata fino ad oggi quella di "Fondo fiduciario" ma se avessi l'opportunità di ascoltarlo in lingua originale sentiresti le parole "Trust" (Fondo Fiduciario) e "Trustee" (Fiduciario).

Anche in questo caso istituire un Trust sarebbe la soluzione migliore, infatti lasceresti una continuità di gestione del patrimonio e una continuità della tutela e protezione patrimoniale dei tuoi figli minori. Ovviamente ancora più pesante sarebbe la situazione con dei figli con disabilità importante.

Questo perché in situazioni difficili neanche la maggiore età potrebbe rendere praticamente autonomi i tuoi figli.

7. Nuova iniziativa imprenditoriale

Ho in mente un nuovo business, una nuova idea imprenditoriale. La **prima cosa** che normalmente faccio è andare dal mio **commercialista** che probabilmente mi suggerirà di **costituire** una **società a responsabilità limitata**, così il mio patrimonio personale non potrà essere aggredito in caso di debiti della società da me costituita.

Inizio a fare pubblicità e a utilizzare i nuovi strumenti di Funnel Social Marketing. Le cose iniziano ad andare bene e dopo un po', per far fare il salto di qualità alla mia nuova azienda, chiedo un prestito o un fido alla banca per il quale ovviamente mi fa firmare delle fideiussioni personali. Passa qualche anno, mi sposo e le cose vanno ancora bene. Poi purtroppo arriva un momento difficile (qualche cliente che fallisce o una crisi di settore… insomma la storia vista in questi anni su tutti i giornali e che conosciamo bene).

A questo punto inizio a sentire la pressione della banca che dice che se non rientro del fido aggredirà le case che avevo ricevuto in eredità. Ma come? Non avevo costituito una società di capitali per non essere aggredito nel mio patrimonio familiare?

A ciò si aggiunge, perché i problemi non arrivano mai da soli, la separazione da mia moglie, che chiede una parte importante di tutti i miei beni, tra cui le quote societarie e le case ricevute in eredità. Questa storia l'avrai sentita centinaia di volte e sai benissimo che spessissimo non finisce bene.

Adesso ripercorriamo la stessa identica strada ma con un passaggio in più: l'istituzione di un Trust.

Ho in mente un nuovo business, una nuova idea imprenditoriale.

La **prima cosa** che faccio è **istituire** un **Trust** con un Trustee professionale il quale, successivamente, con il supporto di un commercialista costituirà una società a responsabilità limitata (srl), le cui quote saranno intestate direttamente al Trust, nominando me amministratore.

Andrò poi dai miei genitori e farò in modo che il Trust diventi per testamento loro erede al mio posto, o ancora meglio potrò far trasferire le case dei miei genitori direttamente in Trust mentre sono in vita.

Inizio a fare pubblicità e a utilizzare i nuovi strumenti di Funnel Social Marketing. Le cose iniziano ad andare bene e dopo un po', per far fare il salto di qualità alla mia nuova azienda, chiedo un prestito o un fido alla banca per il quale ovviamente mi fa firmare delle fideiussioni personali.

Passa qualche anno, mi sposo e le cose vanno ancora bene. Poi purtroppo arriva un momento difficile (qualche cliente che fallisce o una crisi di settore… insomma la storia vista in questi anni su tutti i giornali e che conosciamo bene).

A questo punto però, a differenza del caso precedente in cui non avevo istituito un Trust, la pressione delle banche **non è eccessiva** in quanto in questo scenario, avendo istituito il Trust, non detengo un patrimonio personale: è stato tutto trasferito in Trust, sia le quote societarie che le case dei miei genitori.

A ciò si aggiunge, perché i problemi non arrivano mai da soli, la separazione da mia moglie, ma anche in questo caso mia moglie non potrà rifarsi sul patrimonio in Trust il quale rimarrà intoccabile e quindi integralmente salvaguardato.

Ecco, forse è questa la storia che avresti voluto sentire centinaia di volte, ma sai benissimo che nella stragrande maggioranza di esse purtroppo la storia reale è quella del primo esempio che ti ho raccontato, in cui l'imprenditore non aveva istituito un Trust, incredibile!

In entrambi i casi proviamo ora a immaginare ancora un altro **scenario diverso**: la società che hai creato con un capitale sociale minimo, ad esempio 10.000 euro, diventa dopo qualche anno una **grande attività**, molto **florida**, del valore di milioni di euro. Anche in questo caso, senza l'istituzione di un Trust, le quote della società, avendo acquisito un grande valore, sarebbero molto ambite da eventuali creditori personali o dal tuo coniuge in caso di eventuali separazioni o divorzi.

Dato inoltre il rilevante valore acquisito dalla società stessa, quest'ultima sarà soggetta alle problematiche viste in precedenza sul passaggio generazionale d'azienda. Ecco, anche in questo caso aver istituito un Trust, che poi tramite il Trustee professionale costituisce la società di capitali per la nuova iniziativa economica, di cui tu sarai amministratore, sarà la scelta vincente.

Nessuno potrà aggredire le quote della società che in questo scenario hanno un ingente valore. Nessuno! Né ex coniugi, né creditori personali, e la cosa incredibile è che di questa società, con piccoli accorgimenti, ne potrai disporre come meglio credi nel Trust senza dover sottostare neanche alle disposizioni testamentarie in materia di disponibilità del patrimonio, come vedremo nel Capitolo 6 sulla legittima e gli eredi.

Sarà una tua libera scelta decidere la destinazione finale del tuo patrimonio trasferito in Trust.

+1. Sono solo e non ho chi si occuperà di me

Quando si parla di Trust familiare spessissimo si immagina che si possa istituire solo se esistono dei Beneficiari diversi dal Disponente, come figli, coniuge, nipoti o altri familiari a cui si vorrà un giorno destinare il proprio patrimonio. Ma se invece non ho nessuno? Se invece non ho né figli né coniuge né altri parenti? Se invece ho solo timore che domani quando sarò anziano nessuno potrà o vorrà preoccuparsi di me?

In assenza di Trust potrebbe arrivare il giorno in cui purtroppo non sarai più capace di gestire il tuo patrimonio e, non avendo nessun familiare che se ne possa occupare, lo stesso sarà gestito da un tutore nominato da un Tribunale. Tale eventualità, come ti descriverò adesso, sarebbe davvero nefasta.

Magari sei un imprenditore di successo abituato a un *lifestyle* molto agiato e domani un Tribunale potrebbe (cosa non difficile da immaginare) stabilire che il tuo vecchio tenore di vita era troppo alto, e che invece sarebbe opportuno spendere molto ma molto meno decidendo magari di affidarti a una casa di cura, che non rispetta le tue esigenze e ancora di più le aspettative di vita a cui sei abituato.

In sostanza il tuo patrimonio verrebbe gestito da logiche che nulla hanno a che vedere con i tuoi reali bisogni e le tue aspettative e volontà. Davvero frustrante pensare che, dopo tanti anni di sacrifici, altre persone possano decidere cosa fare del tuo patrimonio, dei tuoi soldi e indirettamente di te stesso.
Istituendo invece un Trust e nominando un Trustee professionale tutto questo non accadrebbe.

Infatti, nelle indicazioni e nella Finalità del Trust da te individuate sarebbero comprese le tue chiare e precise volontà: magari quella di pagarti una villa in un bel posto con tutta l'assistenza di cui potresti avere bisogno e con tutte le spese che ne derivano. Insomma, che, grazie al Trust, sia fatta la tua volontà.

RIEPILOGO DEL CAPITOLO 3:

In questo Capitolo abbiamo analizzato i casi principali, ben 8 (7+1), in cui istituire un Trust potrà fare la differenza per la tutela e salvaguardia del tuo patrimonio e indirettamente della tua famiglia.

- SEGRETO n. 8: Grazie all'istituzione di un Trust il passaggio generazionale diventa molto più semplice, tutelando il valore della società/azienda passata in successione e riducendo in maniera importante i conflitti tra gli eredi.
- SEGRETO n. 9: Fare beneficenza è qualcosa a cui tutti noi, essendo persone fortunate, dovremmo tendere. Farlo con il Trust ti permetterà di essere certo che le tue volontà siano rispettate, e che quanto da te trasferito in Trust sia gestito e utilizzato solo per le finalità da te individuate e non per pagare altre spese dell'ente benefico.
- SEGRETO n. 10: Se stai per intraprendere una nuova iniziativa imprenditoriale è il momento migliore per istituire un Trust e fare in modo che le quote della nuova società siano per sempre al riparo da qualsivoglia pretesa di terzi creditori.
- SEGRETO n. 11: In caso di separazioni o divorzi istituire un

Trust ti potrà permettere di tutelare sia te che l'altro coniuge che i vostri figli. Avrete un patrimonio tutelato per sempre e si ridurranno in maniera importante i motivi di litigio familiare per la gestione del patrimonio.

- SEGRETO n. 12: Se hai dei figli minori il modo migliore per tutelarli, tutelando nel frattempo anche te, è istituire un Trust. Così eviterai che il tuo patrimonio in caso di premorienza sia gestito tramite i Tribunali con effetti "devastanti" sullo stesso.

Vai alla pagina delle Conclusioni di questo libro, in cui troverai un link per accedere all'area *Membership* del libro dove troverai tutte le sentenze menzionate e di supporto a questo libro, i video e altri contenuti extra pensati appositamente per te.

Capitolo 4:
Le 7+1 poco valide alternative al Trust

In questo capitolo tratterò delle alternative al Trust, o meglio quelle che i clienti o più spesso i consulenti e professionisti non specializzati nella protezione e tutela del patrimonio considerano tali. Ti evidenzierò inoltre quelle che sono le differenze principali e quali sono i limiti di ognuna di esse rispetto al Trust.

1. Intestazione dei beni a familiari

O come lo chiamo io… il **"Trust all'italiana"**.

Spesso si pensa che intestando i beni ad altri soggetti, ad esempio coniugi o figli, si siano risolti i propri problemi di tutela del patrimonio. L'ho visto davvero tantissime volte e, credimi, è la soluzione peggiore.

Come ti ho spiegato nei capitoli precedenti una volta che hai intestato ai familiari i tuoi beni, questi non sono più tuoi, diventano di loro esclusiva proprietà, nulla contando i documenti che i vari professionisti generalisti fanno sottoscrivere ai tuoi familiari intestatari dei tuoi beni, in cui "riconoscono" che la gestione è solo fiduciaria. Una follia.

La cosa incredibile poi è che anche la percezione degli intestatari dei beni cambia. Infatti, seppure i beni siano stati acquistati con i tuoi proventi, e fossero di tua proprietà, nella percezione degli intestatari i beni trasferiti sono di loro esclusiva proprietà e si comportano come tali.

Pensa a quanti imprenditori che conosci si sono trovati in difficoltà economiche. Per difendersi dai probabili attacchi dei creditori personali continuavano a dire, ma probabilmente neanche credendoci, che si sentivano al sicuro perché avevano intestato i beni ai loro coniugi o ai figli.

Purtroppo però, quando avevano bisogno di utilizzare quei beni o magari utilizzare le rendite prodotte da quel patrimonio trasferito ai familiari, dovevano chiedere il permesso e l'autorizzazione agli intestatari di quei beni e sperare di ottenerne il consenso.
Questa situazione diventa molto pesante anche dal punto di vista

psicologico perché devi sperare che i rapporti con le persone a cui hai intestato il tuo patrimonio siano sempre sereni, in quanto in caso di divergenze o litigi con gli stessi, questi ultimi potrebbero cominciare a creare difficoltà non "obbedendo" alle tue disposizioni sul patrimonio a loro intestato.

E, credimi, dopo aver lavorato per anni non è piacevole dover chiedere il "permesso" ad altri per usare i propri beni e soprattutto non poter litigare con queste persone per timore che non ti restituiscano quello che è tuo.

A ciò si aggiunge che chiaramente questi beni saranno oggetto sia di successione degli intestatari (chi glielo spiega poi agli eredi delle persone a cui hai intestato i tuoi beni che quei beni erano tuoi?) sia ad aggressioni da parte di eventuali creditori personali dei nuovi intestatari. Inutile poi, come ti dicevo, far preparare agli avvocati degli atti da far sottoscrivere ai nuovi intestatari in cui si descrive la situazione da te creata per difendere il tuo patrimonio. Servono solo a tranquillizzarti momentaneamente.

Infatti, in caso di divergenze con gli intestatari, di aggressione dei beni da parte dei loro creditori personali o in caso di successione ereditaria in caso di morte degli intestatari stessi, ti renderai conto che quegli atti sottoscritti in pratica non servono davvero a nulla.

Se proprio vuoi risolvere le problematiche e opportunità legate alla tutela del tuo patrimonio è molto meglio passare dal "Trust all'italiana" appena visto a un Trust vero, regolamentato e preferibilmente con un Trustee professionale che rispetterà per sempre le tue indicazioni e le finalità da te individuate nell'atto di Trust.

2. Patti di famiglia

Il patto di famiglia (artt. 768 bis e seguenti del Codice civile) consente a un imprenditore di gestire in vita il passaggio generazionale della propria impresa, trasferendo subito per atto pubblico a uno o più discendenti l'azienda o le quote di partecipazione al capitale della società, evitando contestazioni nel momento in cui si aprirà la sua successione. In questo modo l'imprenditore trasferisce l'azienda o le quote soltanto a quei discendenti che egli reputa in grado di proseguire nell'attività imprenditoriale.

Con la sottoscrizione da parte di tutti i legittimari e del coniuge, i discendenti che hanno ricevuto l'azienda o le partecipazioni si obbligano a liquidare al coniuge e agli altri partecipanti al patto una somma calcolata in base al valore dei beni produttivi trasferiti. Tuttavia, tenuto conto che è necessaria la partecipazione di tutti i legittimari, è sufficiente che un legittimario dissenziente si astenga dal partecipare alla sottoscrizione del patto di famiglia per vanificare l'intera operazione.

Se da un lato i patti di famiglia hanno il pregio di non essere soggetti a collazione o a riduzione ereditaria, dall'altro comportano l'immediato trasferimento della titolarità dell'azienda agli eredi designati oppure della partecipazione e solo di quest'ultima.

A differenza del Trust, il patto di famiglia come appena visto richiede, per la sua valida costituzione, il consenso di tutti i partecipanti, dal coniuge ai discendenti legittimari.

Il Trust invece può essere istituito direttamente dall'imprenditore e non è necessaria la partecipazione di alcun Beneficiario.

Il patto di famiglia inoltre è limitato solo al trasferimento di determinati beni (azienda e quote societarie), e non può comprendere altri beni come denaro, fondi e beni immobili, al contrario di come abbiamo visto in caso di istituzione del Trust in cui è possibile trasferire qualsiasi tipo di bene.

Con il patto di famiglia il passaggio dell'azienda o delle quote societarie è immediato, quindi l'imprenditore trasferisce immediatamente e a titolo definitivo l'azienda ai legittimari con un eventuale duplice effetto negativo.

Il primo è che da quel momento i legittimari discendenti avranno diritto di partecipare all'assemblea soci e quindi saranno liberi di decidere il destino dell'azienda. Con il Trust invece le quote sono intestate direttamente al Trustee che avrà, secondo quanto indicato da te nell'atto di Trust, delle linee guida da seguire, sia con riferimento all'esercizio dei diritti di socio, magari anche con il controllo del Guardiano del Trust, sia con riferimento alla distribuzione degli utili ai discendenti Beneficiari, compreso il coniuge e, non ultimo, te stesso.

Il secondo effetto negativo è che, trasferendo immediatamente l'azienda o le quote ai legittimari designati, qualunque problema di tipo economico (ad esempio aggressioni da parte di terzi creditori personali o anche da parte dei coniugi in caso di divorzio) relativo a questi ultimi andrà a coinvolgere l'azienda o le quote della stessa. Con il Trust invece, grazie al suo effetto segregativo e alla separazione dei beni in Trust rispetto a quello del Disponente e dei Beneficiari, i problemi economici di questi ultimi (come più volte spiegato nel corso del libro), non coinvolgeranno i beni conferiti in Trust.

Aggiungo che con alcuni accorgimenti è possibile ridurre sensibilmente anche le problematiche che il Trust può incontrare in caso di collazione e riduzione ereditaria che si potrebbero verificare alla morte dell'imprenditore.

Si potrebbero infatti prevedere delle condizioni economiche molto vantaggiose per i legittimari, in caso di rispetto delle volontà del Disponente contenute nell'atto di Trust, rispetto ai vantaggi economici che gli stessi otterrebbero instaurando una causa contro il Trustee per far rispettare le norme giuridiche in tema di riduzione e collazione ereditaria.

Per ultimo, ma non meno importante, come anticipato, nei patti di famiglia gli assegnatari (ad esempio il figlio più giovane laureato in economia) dell'azienda o delle quote devono contestualmente liquidare ai legittimari non assegnatari le somme stabilite dall'imprenditore come contropartita economica dell'assegnazione delle quote o dell'azienda solo ad alcuni legittimari, condizione questa assolutamente necessaria per il perfezionamento del patto di famiglia, che nella pratica impedisce il suo buon fine, perché molto spesso i legittimari designati nel patto di famiglia non hanno le risorse economiche per liquidare tali somme agli altri legittimari. Con l'istituzione del Trust invece tali movimentazioni di denaro tra i Beneficiari non sono previste, e quindi tali problemi di conclusione dell'operazione non sussistono.

3. Donazione

Hai deciso di aiutare un familiare o sostenere economicamente un ente benefico? Potresti farlo donando i tuoi beni direttamente alla persona o all'ente benefico da te prescelto, ma dopo averti spiegato cosa accade quando utilizzi un Trust per raggiungere le stesse finalità capirai che la prima non è la scelta migliore.

Pensa a un **primo caso** in cui tu voglia **aiutare** tuo **figlio**, che sta partecipando a una società startup e che si sta sposando.

Se gli doni la casa magari sarà molto contento, ma con il passare del tempo potrebbe iniziare a sentirsi preoccupato.

Se infatti le cose con la sua società non dovessero andare bene, magari le banche da cui ha ottenuto un prestito e a cui ha dovuto rilasciare una fideiussione potrebbero rivalersi proprio sulla casa che tu gli hai donato.

O magari la sua vita di coppia potrebbe non andare bene e sfociare in una separazione o in un divorzio, con la moglie che potrebbe chiedere al giudice di avere la casa coniugale, che sempre tu gli avevi donato.

Ecco che anche per fare delle azioni benefiche è meglio scegliere il modo migliore. E il modo migliore, come appena visto, non è certamente donare direttamente al Beneficiario un bene.

Istituendo un Trust, infatti, potresti trasferire in esso la casa che vorresti donare a tuo figlio e nominarlo Beneficiario. Esattamente come nel caso della donazione diretta, tuo figlio potrebbe andare a vivere nella casa o percepirne degli affitti locandola, ma con il Trust c'è una grande differenza. Né i creditori personali di tuo figlio/a né il suo eventuale coniuge in caso di separazione o divorzio potrebbe mai rivalersi su quella casa.

Come puoi capire, la differenza è davvero tanta, perché tramite un Trust, con Trustee professionale, quel bene diventerebbe inattaccabile da qualunque tuo creditore personale o di tuo figlio nominato Beneficiario.

Vediamo adesso il **secondo caso** in cui tu voglia **aiutare** un **ente** di **beneficenza**.

Come spesso capita le donazioni agli enti benefici sono utilizzate in maniera arbitraria e discrezionale dall'ente. Questo significa che se ad esempio il tuo desiderio era che l'ente destinasse le tue donazioni a opere specifiche (comprare attrezzature, investire nella ricerca, istituire borse di studio ecc.) non avrai mai la certezza che questo accada, poiché l'ente benefico potrebbe invece utilizzare i fondi da te donati per altri fini. Aggiungo che, in caso di debiti dell'ente, le somme da te donate potrebbero essere aggredite dai suoi creditori.

Questi problemi verrebbero totalmente eliminati qualora tu effettuassi la donazione "attraverso" un Trust.

In questo modo grazie alla separazione del patrimonio del Trust e dell'ente benefico, sarai da un lato certo che le somme trasferite in Trust non saranno mai aggredite dai creditori dell'ente benefico e, cosa ancora più importante, nell'atto di Trust avrai indicato al Trustee come dovrà gestire le somme "donate" e come dovrà rapportarsi con l'ente benefico stesso. Nel caso precedente potrebbe il Trustee stesso preoccuparsi di comprare le attrezzature, di istituire borse di studio o di pagare i costi di ricerca dell'ente. Anche in questo esempio i vantaggi derivanti dall'utilizzo del Trust sono indiscutibili.

4.Costituzione di una Holding per la protezione patrimoniale
Qualche anno fa si parlava tantissimo di istituire un Trust come alternativa alla costituzione di una Holding ai fini di una maggiore protezione patrimoniale.

Chi sosteneva questa tesi creava molta confusione perché non centrava quale era il reale problema da affrontare, perché secondo me non aveva ben chiaro cosa sia la vera protezione patrimoniale.

Una cosa infatti è decidere se investire in una società direttamente come persona fisica, o invece per il tramite di una società Holding di cui detengo le quote. Tutt'altra questione è invece associare la parola "protezione patrimoniale" personale dell'imprenditore con la costituzione di una Holding.

Se la tua finalità è migliorare o rendere maggiormente efficiente la gestione dei flussi finanziari o la fiscalità del gruppo societario, sicuramente potrai discutere della costituzione della Holding con il tuo commercialista. Se invece la tua vera finalità è la protezione del tuo patrimonio personale dovrai rivolgerti esclusivamente a soggetti specializzati e con esperienza in materia di Trust.

Infatti, la soluzione non è utilizzare un Trust come alternativa a una società Holding per detenere delle partecipazioni, ma è quella di conferire le quote della società Holding direttamente in Trust, o ancora meglio istituire un Trust che tramite il Trustee a sua volta costituisca una società Holding di cui detiene le quote.

Il Trust è sostitutivo dell'imprenditore socio, non certo della società Holding.

Se crei una società Holding le cui quote sono direttamente detenute da te imprenditore, queste ultime saranno sempre aggredibili dai tuoi creditori personali, dal fisco e dal tuo coniuge in caso di separazione o divorzio, ricadendo ovviamente in successione con tutte le problematiche affrontate nei capitoli precedenti.

Se invece le quote della società Holding sono detenute dal Trust questi problemi vengono praticamente azzerati. Inoltre, attraverso il Trust, come visto in precedenza nel paragrafo sul passaggio generazionale, verrebbe assicurata la continuità della gestione della Holding stessa anche quando purtroppo non ci sarai più.

5. Fondo patrimoniale

I coniugi o le coppie dello stesso sesso che abbiano registrato un'unione civile possono creare un Fondo patrimoniale (artt. 167 e seguenti del Codice civile), la cui finalità è di destinare i beni (**solo immobili**, quote di **società** per **azioni** ma non di altre forme societarie, autoveicoli e crediti, non altri beni o le somme di denaro come i soldi, al contrario del **Trust dove non** esistono **limitazioni alla tipologia** di **beni c**he si possono trasferire) in esso inseriti per i bisogni della famiglia, con il vantaggio che gli stessi beni non possono essere aggrediti dai creditori personali dei coniugi istituenti il Fondo patrimoniale.

L'eventuale prezzo derivante dalla vendita di un bene inserito nel fondo patrimoniale, però, trattandosi di somme di denaro che, come visto prima, non possono essere oggetto del Fondo patrimoniale stesso, non sarà incluso in quest'ultimo e resterà aggredibile dai creditori personali dei coniugi.

Nel caso invece tu abbia istituito un Trust e vi abbia conferito un bene immobile, il prezzo derivante dall'eventuale vendita dello stesso da parte del Trustee, nel rispetto delle indicazioni e delle finalità da te individuate nell'atto istitutivo di Trust, sarà accreditato sul conto corrente del Trust e non entrerà nella sfera del tuo patrimonio personale, con tutte le tutele di segregazione patrimoniale che ne derivano.

Non possono invece costituire il Fondo patrimoniale né le coppie non sposate (sebbene abbiano dei figli), né i conviventi di fatto che abbiano regolarmente registrato la loro convivenza, mentre nel caso del Trust queste limitazioni non esistono perché come abbiamo visto chiunque può istituire un Trust, anche se non sposato o non regolarmente civilmente unito.

Il Fondo patrimoniale, e quindi la destinazione data ai beni in esso confluiti, cessa a seguito dell'annullamento del matrimonio, del divorzio (più tecnicamente scioglimento o cessazione dei suoi effetti civili), della morte di uno dei coniugi. Le stesse regole valgono anche nel caso di annullamento, scioglimento dell'unione civile o morte di uno dei partner. Se vi sono figli minori, il fondo patrimoniale dura fino a quando il figlio più piccolo non abbia raggiunto la maggiore età.

Anche queste limitazioni non esisterebbero in caso di istituzione di un Trust.

Aggiungo, e lo approfondiremo nel Capitolo 6, che anche l'effetto segregativo del fondo patrimoniale è molto meno performante rispetto a quello del Trust.

Infatti, se è vero che i beni conferiti nel fondo patrimoniale non possono essere oggetto di atti di esecuzione forzata per i debiti che non siano relativi ai bisogni della famiglia, ricade in capo ai coniugi l'onere della prova che il creditore fosse a conoscenza del fatto che tali debiti erano stati contratti per esigenze diverse da quelle familiari. Tale prova a carico dei coniugi è davvero quasi impossibile da dare.

In caso di Trust invece l'effetto segregativo è totale, infatti tranne alcune eccezioni che vedremo più avanti, i debiti dell'imprenditore Disponente così come quelli dei Beneficiari non potranno mai incidere sui beni trasferiti in Trust.

6. Utilizzo della Fiduciaria come alternativa al Trust

Questo forse è il caso in cui si fa più confusione.

L'uso della Fiduciaria infatti serve principalmente quando un imprenditore vuole acquisire una partecipazione sociale senza apparire proprietario nei confronti dei terzi (familiari, amici, concorrenti). Tra i terzi ovviamente non c'è il Fisco.

In questo caso l'imprenditore (fiduciante) stipula un contratto fiduciario tramite il quale chiede a un altro soggetto (fiduciario) di acquisire in nome proprio ma per suo conto un bene, spessissimo quote societarie (il contratto fiduciario è, quindi, un mandato senza rappresentanza).

Qui c'è la grandissima differenza con il Trust.
In caso di uso di una Fiduciaria il bene acquisito (quote societarie) nella sostanza resta nella titolarità dell'imprenditore fiduciante, mentre con l'istituzione di un Trust c'è una separazione netta e definitiva tra il patrimonio dell'imprenditore Disponente e il patrimonio conferito in Trust.

La società fiduciaria infatti, pur divenendo formalmente proprietaria dei beni (al registro imprese risulterà come socio titolare della quota), esercita nell'interesse del fiduciante tutti i diritti che competono a quest'ultimo (diritti di gestione e di godimento).

Nel caso, quindi, di un contratto fiduciario avente a oggetto partecipazioni societarie, la società fiduciaria ottenuto il trasferimento formale della proprietà delle partecipazioni continua a rispettare passivamente le indicazioni dell'imprenditore fiduciante. Con il contratto fiduciario si ha, quindi, la proprietà sostanziale sulla cosa in capo a un soggetto (fiduciante imprenditore) e la proprietà formale su un altro soggetto (fiduciario).

Questo significa che comunque, in caso di successione ereditaria dell'imprenditore deceduto, le quote societarie, facendo sempre riferimento a quest'ultimo, ricadranno in eredità ai suoi eredi; inoltre in caso di aggressione di creditori del fiduciante i beni intestati formalmente alla fiduciaria saranno, seppur con qualche complicazione per il creditore, sempre aggredibili tramite un pignoramento presso terzi.

Praticamente con la Fiduciaria non raggiungeresti in alcun modo l'effetto di segregare i beni intestati a essa né tantomeno risolveresti i problemi legati al passaggio generazionale.

Diversamente con il Trust si creerebbe una segregazione patrimoniale effettiva e definitiva di quanto conferito dal

Disponente in Trust.

Quanto conferito in Trust non è quindi più aggredibile dai creditori personali del Disponente.

Per comprendere appieno la differenza di tenuta in materia di segregazione patrimoniale di una Fiduciaria rispetto a un Trust, basta vedere che spesso i creditori del Disponente di un Trust tentano di aggredire il patrimonio in esso conferito cercando di dimostrare che in realtà è stato istituito dall'imprenditore semplicemente un contratto fiduciario (molto meno tutelante come abbiamo visto), per cui di fatto la proprietà sostanziale del bene non ha subito alcun trasferimento e fa ancora riferimento all'imprenditore.

Ecco perché è fondamentale rivolgersi sempre a Trustee professionali e con esperienza che sappiano da un lato inserire delle corrette clausole nell'atto di Trust, dall'altro attraverso una corretta attività di gestione e rendicontazione impediscano, in caso di contenzioso, di far considerare il Trust come una Fiduciaria e rendere così il patrimonio in esso conferito aggredibile dai creditori personali dell'imprenditore Disponente.

7. Polizza vita o Trust?

Sia la polizza vita che il Trust possono agevolare il passaggio generazionale dell'imprenditore e la segregazione del patrimonio di quest'ultimo. L'utilizzo del Trust, però, riesce a superare le rigidità del contratto di polizza vita.

Ad esempio, nella polizza vita si possono normalmente conferire solo somme di denaro, mentre come abbiamo già visto nel Trust non esistono limiti al tipo di beni conferibili (denaro, beni mobili, immobili, crediti, opere arte ecc.).

L'individuazione dei beneficiari della polizza è molto rigida a differenza di ciò che prevede la normativa sul Trust perché in quest'ultimo caso si possono inserire tantissime clausole che si adattano alle esigenze mutevoli nel tempo del Disponente e dei Beneficiari; inoltre aspetto molto negativo della polizza vita è che l'eventuale indennizzo/prestazione da pagarsi al beneficiario rientrerà nella sua sfera patrimoniale, diventando pertanto aggredibile dagli eventuali creditori personali del beneficiario stesso.

Sono davvero tanti i casi in cui i beneficiari di polizze vita che appena incassato i premi previsti nel contratto sono stati aggrediti dai propri creditori personali o dal fisco.

Con il Trust al contrario, come già ripetuto più volte in questo libro, in caso di decesso dell'imprenditore Disponente, non si verrebbe mai a perdere il suo effetto segregativo, in quanto le somme di denaro accumulate non verrebbero immediatamente distribuite ai Beneficiari come nel caso della polizza vita, ma resterebbero sempre all'interno del Trust, potendone comunque i discendenti o il coniuge superstite usufruirne in qualità di Beneficiari del Trust.

Pensa inoltre che spesso mi capita che alcuni imprenditori Disponenti di Trust da noi gestiti o da noi istituiti nominino i Trust stessi beneficiari di una polizza vita. In questo modo, in caso di premorienza dell'imprenditore Disponente, le somme non entreranno immediatamente nella disponibilità dei Beneficiari, magari ancora minorenni, ma saranno incassate direttamente dal Trust.

Così facendo è salvaguardato l'effetto segregativo del Trust a tutela dei Beneficiari dello stesso e nei confronti dei loro creditori personali in caso di sopraggiunti problemi di responsabilità civile, con il fisco o per separazioni e divorzi, ottenendo inoltre, grazie all'operato di un Trustee professionale, una gestione efficiente e unitaria dei beni in Trust.

Come vedi, l'elasticità del Trust lo rende uno strumento duttile e migliorativo rispetto alla polizza vita, di cui comunque lo stesso Trust da te istituito può divenire addirittura Beneficiario.

RIEPILOGO DEL CAPITOLO 4:

In questo Capitolo abbiamo analizzato le cosiddette alternative al Trust, evidenziando quelli che sono i loro punti di forza (pochi) e i punti di debolezza:

- SEGRETO n. 13: Il più grande errore che un imprenditore possa commettere è pensare che avendo intestato i propri beni ai familiari abbia messo al riparo il proprio patrimonio. Nella realtà e nella sostanza lo ha solo trasferito a terzi. Non è più suo.
- SEGRETO n. 14: Con la donazione si arricchisce immediatamente una persona ma da quel momento il patrimonio potrà essere oggetto di richieste da parte dei creditori del donatario. Con il Trust invece la tutela del patrimonio continua anche a favore del Beneficiario "donatario".
- SEGRETO n. 15: Il Fondo patrimoniale è lo strumento più consigliato dai notai per la tutela del patrimonio familiare ma ormai le sentenze di Cassazione lo hanno completamente svuotato al contrario di quanto accade con il Trust, solo che pochi lo conoscono.
- SEGRETO n. 16: Costituire una società Holding non è mai e

ripeto mai alternativo al Trust. Le società Holding servono per una gestione efficiente delle società controllate. Il Trust serve per tutelare il tuo patrimonio, tra cui ci saranno le quote della società Holding. Un Trust ovviamente potrà costituire delle società Holding per una gestione efficiente delle società controllate, ma non sono mai strumenti alternativi.

Vai alla pagina delle Conclusioni di questo libro, in cui troverai un link per accedere all'area *Membership* del libro dove troverai tutte le sentenze menzionate e di supporto a questo libro, i video e altri contenuti extra pensati appositamente per te.

Capitolo 5:

La scelta del Trustee: quale dei 7 scegliere?

Le attività del Trustee durante la vita del Trust

Prima di comprendere come scegliere il miglior Trustee a cui affidare la gestione del Trust da te istituito, è opportuno apprendere appieno le responsabilità, la complessità delle competenze legate all'attività da svolgere e gli adempimenti che lo stesso Trustee si troverà ad affrontare durante la vita del Trust.

Un'**attività preliminare** del Trustee, spesso sottovalutata, è la **verifica dell'atto di Trust**. Immagino che in questo momento se qualche professionista sta leggendo il libro penserà che quanto scritto possa rappresentare un conflitto di interessi del Trustee, ma ti spiego come la vedo io dopo vent'anni di esperienza e centinaia di atti di Trust esaminati.

Ti ricordo infatti che lo scopo di questo libro non è fare accademia, ma risolvere le problematiche concrete riguardanti il Trust.

Molto spesso quando i professionisti, in fase di consulenza, assistono l'imprenditore nella redazione dell'atto di Trust, commettono a mio avviso un grave errore.

Infatti, redigono l'atto di Trust in modo autonomo, senza confrontarsi con il futuro Trustee del Trust o comunque senza la consulenza da parte di un Trustee professionale.

Se ci pensi bene questa è una cosa molto strana. Infatti, il Trust ha una durata di tantissimi anni e normalmente il professionista partecipa solo fino al giorno dell'istituzione del Trust, mentre il Trustee sarà il soggetto principale della vita del Trust per tutta la durata del Trust, poiché dovrà eseguire quanto indicato nell'atto di Trust nell'interesse dei Beneficiari.

Per tale motivo, in sostanza, sarà il Trustee che dovrà interpretare quanto scritto nell'atto di Trust, il quale – se redatto da un soggetto non abituato a vedere e a vivere i cambiamenti mutevoli delle esigenze dei Beneficiari nel corso degli anni – molto probabilmente scriverà delle clausole "statiche" e non "dinamiche" come necessita un atto di Trust efficace ed efficiente.

Come spesso dico il professionista è come se vedesse il Trust come una "fotografia" basata sulle esigenze personali dell'imprenditore e dei Beneficiari vista in un determinato momento.

La realtà però è proprio il contrario.

Come ti ho anticipato nei capitoli precedenti la fase di istituzione del Trust è solo l'inizio della sua vita.

Invece le esigenze dei Beneficiari sono mutevoli nel tempo e, credimi, muteranno tanto e in maniera difficilmente prevedibile nel corso degli anni. Se ti guardi indietro pensi che le esigenze tue e della tua famiglia siano le stesse di cinque, venti o trenta anni fa? Ovviamente non credo.

Per tale motivo l'esperienza di un Trustee professionale abituato ad affrontare le mutevoli esigenze dei Beneficiari del Trust può essere molto preziosa proprio in fase di redazione dell'atto di Trust.

A differenza del professionista, che nella fase di istituzione e redazione del Trust tende a vedere una fotografia, il Trustee, come visto, proprio perché abituato a soddisfare le esigenze mutevoli dei Beneficiari nel corso degli anni, tende a vedere il "film" del Trust.

Ne ho visti davvero tanti di atti di Trust scritti secondo le esigenze del Disponente o dei Beneficiari guardando una situazione assolutamente statica, una "fotografia". Il problema è che poi cambiare e soddisfare le esigenze dei Beneficiari che mutano nel tempo diventa davvero complesso.

Ti faccio un esempio che ti chiarirà ancora meglio questo concetto. Qualche anno fa sono subentrato con la mia società come Trustee di un Trust istituito un paio di anni prima.

L'Atto di Trust prevedeva in maniera statica l'individuazione come Beneficiari solo ed esclusivamente della moglie e dei figli dell'imprenditore Disponente, senza possibilità di poter cambiare l'atto o di nominare nuovi Beneficiari. Un atto perfetto se si pensa che la vita non abbia cambiamenti.

Tuttavia è accaduto che dopo poco tempo l'istituzione del Trust, l'imprenditore e la moglie si siano separati e l'imprenditore abbia intrapreso una nuova relazione da cui è nato anche un figlio
A causa delle modalità di redazione dell'atto di Trust non mi è stato immediatamente possibile soddisfare il desiderio naturale

dell'imprenditore di inserire tra i Beneficiari il suo nuovo figlio.

A dire la verità dopo qualche tempo, attraverso dei tecnicismi molto complicati che per tale motivo non approfondirò, sono riuscito a inserire anche il nuovo figlio dell'imprenditore come Beneficiario dell'atto di Trust, ma ti assicuro che è stato davvero molto faticoso.

Questo esempio spero che ti abbia fatto comprendere quanto sia importante che l'Atto di Trust sia redatto con molta attenzione e a mio avviso da soggetti che abbiano un'esperienza consolidata nel gestire le esigenze mutevoli negli anni dei Beneficiari.

Dopo aver istituito l'Atto di Trust la **prima attività** da compiere successivamente è **richiedere** il **Codice Fiscale del Trust** presso l'Agenzia delle Entrate.

Una volta ottenuto il codice fiscale si **stampa** un "**Libro eventi**", come se fosse un libro sociale di una società con indicato il nome e il codice Fiscale del Trust. Il Libro eventi si fa normalmente vidimare da un **Notaio** in modo da avere la garanzia che una volta scritto su una pagina quest'ultima non sia più modificabile.

Appena il Libro eventi è vidimato dal Notaio si stampa l'Atto Istitutivo di Trust ed eventualmente il successivo atto di trasferimento dei beni in Trust.

Se in Trust sono stati trasferiti dei **beni immobili** si prende immediatamente contatto con **l'amministratore** del **condominio** in cui si trova l'immobile, in modo da palesare l'avvenuta stipula dell'atto di Trust e il cambio formale del proprietario.

Si chiedono i vari regolamenti condominiali e si informa il condominio che da questo momento in poi le convocazioni e tutte le comunicazioni siano inviate al Trustee come nuovo proprietario formale del bene, in quanto sarà lo stesso Trustee che da questo momento sarà il soggetto titolato a partecipare alle assemblee di condominio e ogni altra attività che riguarda l'immobile.

Il Trustee si dovrà occupare anche delle manutenzioni ordinarie e straordinarie degli immobili trasferiti in Trust e della gestione di eventuali vendite o locazioni degli stessi.
Se poi oltre agli immobili trasferiti in Trust è compreso anche il

mobilio, che può essere anche di grande valore, è opportuno fare un inventario stanza per stanza, parete per parete, con tutti i beni e magari fotografarli uno a uno apponendogli la data certa.

L'inventario viene effettuato sia a garanzia dei Beneficiari che per ridurre la responsabilità del Trustee stesso. Un ulteriore vantaggio di questa procedura è di dimostrare ai terzi (eventuali creditori del Disponente o dei Beneficiari) che quei beni sono di proprietà di un soggetto terzo e quindi non possono essere pignorati.

Il Trustee deve anche verificare se sugli immobili trasferiti in Trust siano presenti delle assicurazioni per danni e responsabilità civile stipulata dal condominio o dallo stesso Disponente; in caso contrario, o qualora la copertura assicurativa non sia adeguata, sarà opportuna stipularne una specifica.

Se in Trust poi sono state trasferite **quote societarie** è opportuno che il Trustee contatti l'amministratore delle società, in modo da avvisarlo che da questo momento essendo lui il nuovo intestatario formale delle quote della società le varie convocazioni assembleari avvengano al proprio domicilio. Il Trustee dovrà quindi partecipare in qualità di socio a tutte le assemblee in cui è richiesta la sua presenza e ove è opportuno comparire per tutelare la sua qualità di socio della società.

Se il Disponente vuole trasferire in Trust fondi investiti o somme di denaro, o comunque in considerazione del fatto che dalla gestione dei beni in Trust possano derivare dei redditi, il Trustee dovrà prima di tutto aprire un conto corrente del Trust dove poi potrà ricevere i fondi.

Il Trustee poi, a seconda di quello che è stato previsto nell'Atto di Trust, potrà, insieme al Guardiano laddove previsto, dare mandato alla banca o all'istituto finanziario dove sono depositati i fondi per investire parte degli stessi. Il Trustee avrà comunque sempre la responsabilità di verificare l'andamento degli investimenti e che questi rispecchino il profilo di rischio sottoscritto da se stesso.

Se in Trust sono state trasferite **opere d'arte** il Trustee dovrà verificare con società specializzate la loro custodia o anche l'eventuale necessità di procedere con la vendita tramite asta o comunque, se previsto nell'Atto di Trust, la loro esposizione al pubblico tramite delle mostre.

Abbiamo trattato fino a ora della gestione di beni mobili (quote societarie, arte, mobilio, autovetture, barche, denaro, crediti ecc.) o di beni immobili (case, palazzi, ville ecc.), ma credimi che il lavoro più importante e credo anche più difficile per il Trustee è la **mediazione** tra tutti i soggetti che partecipano alla vita del Trust. Considera che il Trustee, specialmente quando non ci sarà più l'imprenditore Disponente che ha istituito il Trust, dovrà essere bravo a gestire non solo i beni in Trust, ma anche i rapporti personali e patrimoniali tra i vari Beneficiari.

Prova a immaginare le richieste che normalmente arrivano al Trustee dai Beneficiari (coniuge, figli, nipoti con anche l'influenza dei relativi coniugi) nel corso degli anni della durata del Trust.
Le esigenze di ognuno di loro cambiano velocemente e come puoi immaginare tenere tutto in equilibrio non è semplice. Ti ricordo ancora una volta che il faro per il Trustee, per il corretto operato nell'interesse dei Beneficiari, sono le indicazioni e le finalità individuate dal Disponente nell'atto istitutivo di Trust.

Per agevolare questo continuo comprendere e assecondare le esigenze mutevoli dei singoli Beneficiari, a volte in conflitto le une con le altre, un buon Trustee professionale avrà l'onere (non è un obbligo) di incontrare moltissime volte nel corso della vita del Trust sia i Beneficiari stessi che il Guardiano.

Ecco che solo un atto di Trust ben scritto e con clausole "dinamiche" che prevedano le esigenze mutevoli della vita dei Beneficiari potrà agevolare il lavoro del Trustee nominato.

Ogni anno poi il Trustee dovrà provvedere a redigere un **bilancio** del Trust e una **rendicontazione descrittiva** e **contabile** che potrà aiutare il Guardiano e i Beneficiari a comprendere il corretto operato del Trustee.

Il Trustee dovrà poi servirsi di un professionista per provvedere al pagamento delle **imposte** del Trust.

Adesso che hai compreso la complessità e le difficoltà della professione di Trustee, e credimi quanto ti ho descritto è solo una piccolissima parte delle attività svolte dallo stesso nel corso della vita del Trust, possiamo proseguire cercando di comprendere quale figura di Trustee, tra i sette che andremo a vedere, è meglio scegliere per istituire e gestire il tuo Trust.

1. Trust autodichiarato - Nominare se stesso Trustee

La prima figura di Trustee di cui ti parlerò è quella relativa al Trust autodichiarato, ovverosia quei Trust in cui l'imprenditore Disponente ricopre anche la figura di Trustee. Incominciamo da questo Trustee perché nel recente passato sono stati istituiti, purtroppo (a breve ti spiegherò meglio), davvero tantissimi Trust di questo tipo.

La scelta da parte degli imprenditori Disponenti di nominare se stessi Trustee del proprio Trust, anziché indicare un soggetto terzo, è stata fatta principalmente per tre motivi: il primo è non sostenere i costi necessari alla nomina di un Trustee; il secondo è che effettivamente fino a qualche anno fa non esistevano tantissimi Trustee professionali; il terzo è che pur avendo il Trust mille anni di storia, essendo un strumento di recente introduzione in Italia, mancava la cultura e la fiducia da parte degli imprenditori nello strumento del Trust e conseguentemente nel nominare Trustee del proprio Trust e quindi del gestore del proprio patrimonio soggetti terzi.

La legge, nello specifico la Convenzione dell'Aja, non vieta espressamente l'istituzione del Trust autodichiarato, ma nella pratica quest'ultimo è osteggiato perché soprattutto in situazioni di contenzioso, quando ci si trova di fronte a un Trust di questo tipo, nei tribunali è difficile sostenere la validità e la tenuta giuridica dello stesso.

Il problema di questa scelta è che spesso si parte da un lato con l'intenzione di istituire un Trust con tutti i relativi vantaggi visti in questo libro, dall'altro si finisce per aver sottoscritto solo l'atto di Trust senza però nessun cambiamento sostanziale nell'approccio formale e sostanziale dell'imprenditore Disponente dei beni in Trust nella sua nuova figura di Trustee.

In sostanza l'imprenditore Disponente, anche dopo l'istituzione del Trust autodichiarato, continua a comportarsi come proprietario dei beni senza passare per quell'atteggiamento e quelle formalità necessarie a dimostrare ai terzi che il proprio operato è rivolto al solo interesse dei Beneficiari indicati nel Trust, come richiesto dalla Convenzione dell'Aja.

Ti faccio un esempio chiaro. Sei un imprenditore con due figli e con diversi immobili locati da cui ricevi un reddito. Decidi di istituire un Trust trasferendone gli immobili e nominando te stesso Trustee del Trust (Trust autodichiarato) e indicando i tuoi figli come Beneficiari.

Dal giorno successivo all'istituzione del Trust continui però a gestire gli affitti derivanti dalla locazione degli immobili trasferiti in Trust esattamente come facevi il giorno prima di istituirlo, non verificando invece le esigenze dei Beneficiari (i tuoi figli).
Magari utilizzi gli affitti per pagare le tue spese personali o li incassi sul tuo conto corrente personale e non del Trust, molto probabilmente senza mai fare neanche una rendicontazione per i Beneficiari.

Ecco, il Trust autodichiarato dell'esempio precedente, che per mia esperienza personale e per tantissimi casi analizzati dai giudici dei Tribunali italiani rappresenta la stragrande maggioranza dei Trust autodichiarati istituiti in Italia, non è un Trust valido.

Ciò significa che al primo attacco da parte di un tuo creditore personale, l'avvocato che lo assiste potrà farlo dichiarare nullo impugnandolo in Tribunale (Vedi Capitolo 6).

Aggiungo che anche l'Amministrazione finanziaria è totalmente sfavorevole alla diffusione del Trust autodichiarato, contrariamente invece all'istituzione di Trust gestiti da Trustee terzi e diversi dal Disponente, contestando molto spesso la sua validità ed esistenza stessa con gravi conseguenze da un punto di vista giuridico e, non ultimo, fiscale.

2. Trustee terzo non professionale - Un parente o un amico

La seconda opzione oltre a quella di nominare te stesso Trustee del tuo Trust, è quella di indicare in fase di istituzione di un Trust un Trustee soggetto terzo diverso da te che sei il Disponente.

A questo punto bisogna evidenziare la differenza esistente tra la nomina di un Trustee terzo non professionale e un Trustee terzo professionale.

Scegliere un **Trustee terzo non professionale** che potrebbe essere anche un parente, un amico o un professionista di fiducia, ma che non abbia le competenze adeguate alla gestione di un Trust, è molto simile, come effetto e come pericolosità per la validità del Trust, allo scegliere di istituire un Trust autodichiarato (Disponente che nomina sé stesso come Trustee).

Infatti, un parente/amico tenderà a fare esattamente e passivamente quello che viene richiesto da te Disponente o dai Beneficiari, dimostrando di non essere idoneo a svolgere l'attività nel loro interesse ma solo secondo le loro indicazioni, che sono due atteggiamenti totalmente diversi.

Ti ricordo, e come approfondiremo nel Capitolo 6, che perché possa parlarsi di un Trust valido così come previsto dalla convenzione dell'Aja è necessario che il Trustee eserciti il "controllo" sui beni in Trust nell'interesse dei Beneficiari, ma non assecondandone le richieste in maniera passiva e pedissequa senza una preventiva e attenta valutazione.

Ad esempio, hai nominato come Trustee un tuo caro amico e tu in qualità di Beneficiario del Trust gli chiedi una somma importante perché vuoi giocarla al casinò. Il Trustee, essendo un tuo amico, accoglie la tua richiesta ma così facendo dimostra che il Trustee non è un soggetto terzo, perché un Trustee indipendente e professionale dovrebbe rifiutare la tua richiesta poiché contraria a quanto previsto nell'Atto di Trust, perché molto probabilmente nell'atto di Trust sarà indicata come principale finalità la tutela e gestione del patrimonio in Trust in favore dei Beneficiari.

In questo caso, per l'avvocato che rappresenta un tuo creditore personale sarebbe semplice dimostrare che il Trust non sia valido perché gestito dal Trustee in modo non indipendente e non nell'interesse dei Beneficiari, mancando pertanto il "controllo" da parte del Trustee secondo quanto previsto dalla Convenzione dell'Aja e spiegato nel Capitolo 1.

Cosa peggiore poi è che questi Trustee improvvisati non hanno minimamente idea dell'attività da svolgere e delle responsabilità professionali in cui incorrono.

Concludo con un'aggravante.
Accade spessissimo che questi Trustee non professionali, non

svolgendo questa attività in modo qualificato, non avendone le competenze tecniche e giuridiche, confondano l'essere stati nominati Trustee, quindi l'onere di agire solo ed esclusivamente nell'interesse dei Beneficiari secondo le finalità individuate dal Disponente nell'atto di Trust, con la circostanza di essere diventati titolari (proprietari formali) dei beni in Trust.

Prova a immaginare se scegliessi di nominare incautamente Trustee del Trust in cui hai trasferito tutti i tuoi beni il tuo coniuge, e il vostro rapporto dovesse improvvisamente peggiorare. Come credi che il tuo coniuge si comporterà? Come Trustee dei tuoi beni e quindi operando secondo le finalità del Trust e secondo l'interesse dei Beneficiari, tra cui probabilmente ci sei anche tu, oppure come semplice proprietario dei beni e quindi secondo i suoi esclusivi interessi? Purtroppo, come puoi immaginare, molto probabilmente la risposta al quesito è la seconda soluzione, cioè come proprietario esclusivo dei beni in Trust e non certo come Trustee.

Dopo tutto quello che ti ho spiegato, credo tu possa condividere con me un'aspra critica a tutti quei professionisti (avvocati, commercialisti e anche notai) che hanno permesso negli anni a migliaia di imprenditori di istituire Trust autodichiarati o con Trustee non professionali poiché hanno generato delle false credenze negli imprenditori Disponenti relativamente alla loro tutela patrimoniale.

Infatti, questi ultimi credevano di aver messo finalmente al riparo il proprio patrimonio, ma al primo attacco da parte dei propri creditori personali hanno "scoperto" che il loro Trust non era valido e quindi si sono visti aggredire ugualmente i propri beni, perdendoli definitivamente.

Trustee professionale

La terza opzione possibile che puoi scegliere in fase di istituzione del Trust è quella di nominare un Trustee professionale.

Dopo tutto quello che ti ho spiegato converrai con me che qualora decidessi di istituire un Trust la scelta di un Trustee professionale sarebbe sicuramente la scelta migliore, anzi l'unica scelta da operare. In caso contrario meglio non istituire proprio il Trust.

Se vuoi tutelare e proteggere seriamente e in maniera definitiva il tuo patrimonio tra cui le quote della tua società, i tuoi risparmi, gli immobili per i tuoi figli (Beneficiari del Trust), credo che sia doveroso andare nell'unica direzione di nominare un Trustee professionale.

Ti ricordo, prima di analizzare le diverse tipologie di Trustee professionale (1. Professionista singolo, ad esempio avvocato o commercialista; 2. Società Srl con socio unico e amministratore unico; 3. Società srl con CDA; 4. Società per azioni; 5. Società di emanazione bancaria), che ricoprire l'ufficio di Trustee è molto diverso dall'essere un professionista specializzato in ambito Trust, magari perché preparato esclusivamente sulla fiscalità del Trust o nella redazione dell'atto di Trust.

Ricordi la storia del professionista specializzato che considera il Trust come una fotografia statica e immodificabile della tua vita rispetto alla visione del Trustee professionale, che invece è consapevole che la vita è come un film con le esigenze dei Beneficiari mutevoli nel tempo? Ecco, questa è in sintesi l'enorme differenza sostanziale tra un professionista qualunque e un Trustee professionale.
Adesso passerò in rapida rassegna tutte le tipologie di Trustee

professionali operanti sul mercato evidenziando vizi e virtù di ognuno.

3. Trustee singolo professionista (avvocato o commercialista)

La prima figura di Trustee professionale di cui ti parlerò è quella del Trustee professionale rappresentato da un singolo professionista.

Tale figura professionale è molto presente sul mercato, ma non rappresenta certamente il Trustee professionale ideale da scegliere in fase di istituzione del Trust. Tra poco capirai il perché.

Infatti, l'unico punto di forza della scelta di un Trustee professionale rappresentato da un singolo professionista di fiducia del Disponente (ad esempio avvocato o commercialista) rispetto agli altri Trustee professionali è molto probabilmente soltanto il costo di competenza e di gestione da parte del Trustee. Molto spesso infatti questi Trustee nella pratica includono le competenze per questa attività specifica e complessa nei costi generali degli altri servizi come quelli di contabilità, bilancio o consulenza.

Al contrario i principali punti di debolezza di questa scelta sono i seguenti: 1) molto spesso il singolo professionista non è abbastanza strutturato e preparato per poter gestire le criticità delle diverse tipologie di beni conferiti in Trust (quote societarie, beni immobili, somme di denaro, veicoli ecc.); 2) la mancanza del tempo necessario a intervenire prontamente e tempestivamente alle richieste dei Beneficiari e soprattutto alle urgenze che si manifestano inevitabilmente durante la vita del Trust (partecipazione assemblee soci e di condominio, presenza per la stipula di atti notarili e di locazioni immobiliari, riunioni periodiche con i Beneficiari).

Ti ricordo poi che molto spesso i beni conferiti in Trust sono dislocati in luoghi diversi sul territorio e pertanto un professionista singolo non strutturato adeguatamente avrebbe molta difficoltà a seguire le vicende dei beni stessi; 3) nella pratica i Trustee professionali rappresentati da un singolo professionista molto spesso non sono dotati di un'assicurazione professionale specifica per l'attività di Trustee, che è molto costosa.

4. Trustee società Srl con socio unico e amministratore unico

Come la scelta precedente è sicuramente un passo avanti importante rispetto alla scelta di nominare sé stessi come Trustee del proprio Trust (Trust autodichiarato), ma paradossalmente a mio avviso tale scelta è ancora più pericolosa che nominare un Trustee professionale rappresentato da un singolo professionista.

Infatti, nel caso di premorienza del socio unico della società Trustee (Trust Company) le quote di quest'ultima andrebbero in successione ai suoi eredi con la conseguenza di ritrovarti un Trustee diverso da quello che avevi scelto e probabilmente senza alcuna competenza in materia di Trust, perché magari gli eredi dell'unico socio della società che hai nominato come Trustee svolgono nella propria vita tutt'altra attività.

Tra l'altro in caso di morte dell'unico socio della società Trustee (Trust Company) da te nominata, nessuna comunicazione o informativa nei tuoi confronti è prevista dalla legge, per cui qualora non fossi tu casualmente a informarti, non avresti alcuna notizia del cambio Trustee avvenuta per causa di morte, non potendo pertanto intervenire nel modo più opportuno per modificare tale situazione di fatto. In sostanza, improvvisamente e senza che tu ne sia a conoscenza, troveresti il tuo patrimonio gestito da un soggetto che non conosci e probabilmente privo di competenze specifiche in materia di Trust.

Quanto descritto sopra è molto peggiorativo rispetto al caso precedente, ove qualora il Trustee professionale rappresentato da un singolo professionista (ad esempio un avvocato o un commercialista) dovesse passare a miglior vita, nell'Atto di Trust sarà previsto come nominare il nuovo Trustee (vedi Bozza Atto di Trust Parte III).

Invece nel caso di cui sopra difficilmente gli atti di Trust prevedono regole specifiche in materia di nomina di un nuovo Trustee.
Anche queste società con unico socio e amministratore unico, come nel caso di Trustee professionale rappresentato da un singolo professionista (ad esempio un avvocato o un commercialista), spesso sono poco strutturate e comunque essendo sempre una sola persona ad agire, l'attività sui beni in Trust e verso i Beneficiari dipenderà dalla sua esclusiva disponibilità di tempo con tutti i problemi visti prima in caso di interventi urgenti.

5. Trustee società Srl con più soci e con CDA

Qualora la società che si occupa dell'ufficio di Trustee (Trust Company) sia di proprietà di più soci e amministrata da un CDA (Consiglio di Amministrazione) risolveresti almeno due delle criticità delle figure precedenti, che invece come abbiamo visto sono composte da un unico soggetto (singolo professionista e società con socio e amministratore unico).

Da un lato anche la morte di uno dei soci, magari anche amministratore, non andrebbe a incidere in maniera radicale sulla gestione del tuo Trust in quanto resterebbe almeno un altro amministratore.

Dall'altro iniziare ad avere un CDA e non più un unico amministratore della società Trustee permette una suddivisione dei compiti e competenze e una maggiore disponibilità nella gestione del tuo patrimonio conferito in Trust.

Personalmente penso che questa soluzione sia preferibile alle precedenti in quanto avere un CDA è sintomo di un'attività svolta in modo più strutturato.

6. Trustee professionale rappresentato da una Società per Azioni

Le soluzioni di scegliere un Trustee professionale strutturato come società per azioni oppure un Trustee rappresentato da un istituto bancario (seppure con i limiti che vedremo nel paragrafo successivo) sono sicuramente le preferibili.

Se sei un imprenditore di successo sai benissimo che se vuoi risultati migliori è "obbligatorio" rivolgersi a società altamente specializzate e strutturate.

Infatti, rivolgersi a un Trustee che svolge la propria attività sotto forma di Società per Azioni implica che il Trustee sarà soggetto anche a un organo di controllo, i sindaci della società. Questo eleva tantissimo le garanzie sull'operato del Trustee.

Aggiungo che se poi l'attività è svolta tramite un CDA, magari con obbligo di firme congiunte per operare su determinati beni o importi, rafforza ancora di più le garanzie sul corretto operato del Trustee in quanto tutte le scelte saranno inevitabilmente collegiali.

Da non sottovalutare poi che una Società per Azioni spesso possiede un capitale sociale di una certa rilevanza, garantendo sotto questo profilo un'importante solidità patrimoniale.

A differenza della soluzione del Trustee bancario, che per certi versi come percezione può sembrare una soluzione più solida, con un Trustee Società per Azioni avrai la disponibilità di un approccio professionale e non bancario.

Avrai a disposizione dei professionisti normalmente più abituati a lavorare in velocità e senza troppa burocrazia e autorizzazioni varie, come ti capita quando ti trovi di fronte una banca in cui spesso nessuno si prende la responsabilità delle proprie scelte. Inoltre, molto spesso il Trustee bancario offre il servizio di Trustee solo come accessorio ad altri servizi che ti vengono offerti, quindi non hanno un focus specifico sull'attività di Trustee.

7. Trustee professionale rappresentato da un istituto bancario
Il Trustee professionale rappresentato da un istituto bancario è stato visto da sempre, a mio avviso erroneamente, come il Trustee che dava maggiori garanzie ai Disponenti e Beneficiari dei Trust.

Purtroppo, dopo tanti anni di esperienza e di confronti con il mondo dei Trustee rappresentati da istituti bancari devo ammettere che non è proprio così come tutti pensano. Infatti, spesso si confonde il Trustee di emanazione bancaria con l'istituto bancario stesso.

Mi spiego meglio.

Pensa a un istituto bancario importante. Se decide di svolgere l'attività di Trustee, normalmente costituisce una società nuova detenuta al 100%, quindi non è la banca che eventualmente risponde dell'operato del Trustee ma la nuova società costituita quindi con un proprio capitale sociale, che sarà certamente molto inferiore a quello dell'istituto bancario.

Aggiungo che l'attività di Trustee della società detenuta dall'istituto bancario normalmente incide minimamente sui ricavi di quest'ultima, pertanto come puoi immaginare è un'attività del tutto residuale rispetto alle ordinarie attività bancarie, con tutte le conseguenze del caso in termini di competenza e perizia nello svolgimento dell'incarico.

La forma mentis e i modi di operare del Trustee professionale rappresentato da un istituto bancario sono fortemente influenzati dalla banca stessa, quindi con livelli di complicazione burocratica e di rigidità nella gestione del patrimonio che bene puoi immaginare. Ti dico queste cose perché sono tanti gli imprenditori che inizialmente attratti dalla parola Trustee di emanazione "bancaria" si sono poi resi conto delle difficoltà di cui sopra, e mi hanno chiesto di cambiare Trustee in favore di un soggetto con cui fosse più facile dialogare e più veloce eseguire le operazioni necessarie alla gestione del patrimonio in Trust, considerando le continue e mutevoli esigenze dei Beneficiari nel tempo.

Ulteriore aspetto da evidenziare è che se tra i beni in Trust ci sono somme di denaro da investire il Trustee di emanazione bancaria facilmente potrà ritrovarsi in conflitto di interessi tra quello del Trust, teso a investire i fondi in Trust negli strumenti di protezione migliori che il mercato possa offrire, e quello della Banca, che tenderà a orientare le proprie scelte di investimento con logiche non del tutto disinteressate.

Ultimo aspetto da non sottovalutare e che mi è capitato di riscontrare tantissime volte negli ultimi anni, è che i Trustee di emanazione bancaria non gradiscono molto la gestione di immobili conferita in Trust, per cui tendono a imporre strutture societarie per la detenzione dei beni immobili stessi. Infatti, i Trustee di emanazione bancaria preferiscono che i beni immobili siano gestiti tramite società immobiliari e non direttamente da loro stessi, il che complica molto la gestione dei beni immobili o quantomeno la rende molto più costosa. Questa difficoltà di gestione non è per mia esperienza riscontrabile con le altre figure di Trustee professionali viste in precedenza.

Iscrizione a Registro dei Trustee e dei Guardiani professionali
Qualunque tipologia di Trustee professionale che ti ho elencato nei paragrafi precedenti sceglierai, è fortemente consigliabile verificare se il Trustee che stai per nominare e/o i suoi amministratori appartengono a una delle seguenti associazioni di categoria: STEP (The Society of Trust and Estate Practitioners www.step.org) e RTGP (Registro dei Guardiani e Trustee professionali www.il-trust-in-italia.it).

Lo dico con molto orgoglio e un pizzico di presunzione: il "Registro dei Trustee e dei Guardiani professionali" (RTGP) è stato istituito presso l'Associazione il Trust in Italia proprio su iniziativa della società che rappresento. Avevamo compreso, io e miei soci, dopo tanti anni di esperienza sul campo in materia di Trust e di gestione di patrimoni ricoprendo l'ufficio di Trustee, l'esigenza di regolamentare in Italia questa attività così difficile e complessa e di fornire a coloro i quali si accingevano a voler istituire un Trust un elenco di soggetti meritevoli, con competenze specifiche, che si aggiornassero costantemente e con polizze assicurative specifiche tra cui scegliere il Trustee ideale.

RIEPILOGO DEL CAPITOLO 5:

In questo Capitolo abbiamo prima analizzato tutte le complesse attività che un Trustee dovrà compiere e poi individuato le varie tipologie di Trustee. Siamo partiti dal Trust autodichiarato in cui il Trustee è lo stesso Disponente, per poi soffermarci sui Trustee professionali e infine sul Trustee bancario:

- SEGRETO n. 17: Il Trust autodichiarato, seppur più diffuso, è senza alcun dubbio molto pericoloso. Sia l'Amministrazione finanziaria che la Giurisprudenza lo considerano spesso come una mera intestazione fiduciaria senza alcun vantaggio di tutela e protezione del patrimonio.

- SEGRETO n. 18: I Trustee professionali composti da un singolo professionista spesso possono peccare di competenze, capacità, tempo e organizzazione.

- SEGRETO n. 19: I Trustee professionali con esperienza sotto forma di Società per Azioni possono garantire elasticità, competenze diversificate, organizzazione e maggiore garanzia di gestione efficace grazie anche alla presenza di organi di controllo.

- SEGRETO n. 20: I Trustee professionali di emanazione

bancaria spesso sono rigidi e non gradiscono la gestione diretta di beni immobili.

Vai alla pagina delle Conclusioni di questo libro, in cui troverai un link per accedere all'area *Membership* del libro dove troverai tutte le sentenze menzionate e di supporto a questo libro, i video e altri contenuti extra pensati appositamente per te.

Capitolo 6:

La tutela del tuo patrimonio è per sempre se...

L'analisi che segue parte del presupposto che il Trust va istituito quando il tuo patrimonio non è minacciato da terzi creditori con azioni giudiziarie o esecutive, meglio ancora se istituisci un Trust all'inizio di una nuova attività professionale o imprenditoriale.

Al contrario, come vedremo, istituire un Trust quando i problemi creditori si sono già presentati nella tua vita personale o imprenditoriale ti porterà poco lontano.

Come più volte ripetuto in questo libro, se il Trust viene istituito in un momento in cui non hai situazioni debitorie problematiche, delle quali ti parlerò successivamente, la segregazione patrimoniale dei tuoi beni conferiti in Trust sarà definitiva e inattaccabile da qualunque creditore personale, e così il tuo patrimonio presente e futuro sarà per sempre al sicuro.

Questo libro l'ho scritto e dedicato a imprenditori di successo come te, a quegli imprenditori che risolvono in anticipo i problemi o comunque affrontano in maniera tempestiva e pragmatica la propria situazione prima che diventi irreversibile.

Ovviamente per me essere imprenditore di successo non vuol dire per forza fatturare milioni di euro, ma essere una persona con un *mindset* vincente e che guarda lontano (se vuoi ti aspetto sul Gruppo chiuso di Facebook dove insieme ad altri imprenditori approfondiamo tantissime tematiche utili per anticipare i problemi e per ottenere il massimo da se stessi www.carlocarmine.it/gruppofb).

Tantissimi imprenditori invece purtroppo vengono assorbiti dal loro lavoro e dalle problematiche quotidiane e invece di mettere in protezione sin da subito il proprio patrimonio preferiscono pensare, non si sa perché, che a loro non capiterà mai nulla.

Gli imprenditori, anche quelli bravi, spesso hanno il grave difetto di pensare soltanto al presente o al futuro della loro azienda o ancora peggio solo ad alcuni aspetti di quest'ultima, e non invece al futuro del proprio patrimonio personale e familiare accumulato con tanti sacrifici. Incrementare il fatturato del 5, 10 o 20%, può essere del tutto inutile se poi non solo i profitti accumulati, ma l'intero patrimonio personale dell'imprenditore e spesso l'intero patrimonio familiare sono messi a repentaglio da problematiche aziendali e/o familiari.

Adesso capirai che ragionando da imprenditore o professionista di successo, una volta istituito un Trust nel momento opportuno, sarai certo di non avere mai nessun problema sui beni da te trasferiti in Trust, che resteranno per sempre inattaccabili.

Azione revocatoria ordinaria sui beni immobili trasferiti in Trust

Sono certo che già conosci l'azione revocatoria effettuata da terzi creditori per rendere inefficace il trasferimento di beni immobili tramite una donazione; pensa alle revocatorie sulle donazioni di immobili tra familiari.

Quanto appena detto potrebbe applicarsi per analogia anche al trasferimento di beni immobili in Trust. Infatti, **ai fini dell'azione revocatoria** effettuata da terzi creditori il **trasferimento** di beni immobili in **Trust** viene considerato in modo analogo a una **donazione**. Pertanto, in linea di massima tutto quello che si applica in caso di azione revocatoria di beni immobili trasferiti per donazione si applica anche al trasferimento di detti beni in un Trust.

Adesso utilizzerò un linguaggio un po' più tecnico ma purtroppo è inevitabile perché tutto quello che ti può accadere è descritto in norme giuridiche che sono costretto a citare testualmente.

Gli artt. 2901 e successivi del Codice civile individuano i presupposti necessari per esperire l'azione revocatoria ordinaria, in particolare: *il **creditore**, **entro 5 (cinque) anni dalla data dell'atto di trasferimento del bene**, anche se il credito è soggetto a condizione o a termine, **può domandare** che siano **dichiarati inefficaci** nei suoi confronti gli **atti di disposizione** del patrimonio* (nel nostro caso la revocatoria si applicherebbe al trasferimento di beni immobili in Trust) *con i quali il debitore rechi pregiudizio alle sue ragioni, quando il debitore* (l'imprenditore Disponente del Trust) *conosceva il pregiudizio che l'atto* (di **trasferimento di beni immobili in Trust in un momento in cui già esiste un debito**) *arrecava alle ragioni del creditore o, trattandosi di atto anteriore* *al sorgere del credito, l'atto fosse dolosamente preordinato al fine di pregiudicarne il soddisfacimento.*

Pertanto, in presenza delle due condizioni previste dalla norma di cui sopra: 1) l'*eventus damni*, ossia il pregiudizio patito dal creditore e 2) la *scientia damni*, ossia la conoscenza da parte del debitore del pregiudizio arrecato al creditore (o, in caso di atto anteriore al sorgere del credito, la dolosa preordinazione a detrimento del creditore) il creditore può esperire azione revocatoria contro il trasferimento di beni immobili in Trust.

Come avrai capito dal tenore letterale della norma sull'azione revocatoria, il termine di prescrizione di cinque anni dall'atto di trasferimento dei beni immobili in Trust si applica soltanto quando il debito era già sorto.

Ma (presta molta attenzione a questo passaggio fondamentale per la tutela del tuo patrimonio) se il **trasferimento di beni immobili in Trust** è **avvenuto** quando il **debito non** era **ancora sorto** e quindi non esisteva, per quei beni trasferiti in Trust non bisognerà attendere i cinque anni previsti dalla norma sulla revocatoria, ma i

beni trasferiti **in Trust** saranno **sin da subito inattaccabili per sempre**.

Ecco perché ho spiegato durante tutto il libro che è fondamentale, quando ci si trova davanti all'opportunità di intraprendere una nuova iniziativa imprenditoriale, di istituire subito un Trust. In questo modo, avendo trasferito i beni immobili (e in generale tutti gli altri beni) in Trust prima del sorgere di qualsiasi debito, saranno per sempre al sicuro e le tue vicende personali e aziendali non potranno mai più incidere negativamente sui beni trasferiti in Trust.

Adesso finalmente hai capito il paradosso che utilizzo quando dico che il Trust va istituito proprio quando non hai nulla, o meglio quando stai per intraprendere una nuova iniziativa imprenditoriale. Per questo mi chiedo perché nei corsi di formazione di crescita personale e imprenditoriale non venga insegnato agli imprenditori come e quando preoccuparsi di tutelare i frutti del proprio futuro successo, e di conseguenza la propria famiglia.

A mio avviso questo argomento dovrebbe essere trattato come prima lezione in ogni corso che voglia spingere l'imprenditore al successo.

Qualora non ci si ritrovi nella situazione delineata precedentemente (conferimento dei beni immobili in Trust precedentemente al sorgere dei debiti, o qualora l'azione revocatoria venga esercitata oltre i cinque anni dal trasferimento dei beni immobili in Trust), la conseguenza del fruttuoso esercizio dell'azione revocatoria si sostanzia nella "revoca" dell'atto impugnato (revoca del trasferimento dei beni immobili in Trust), che non ha effetto restitutorio, ma rende inefficace l'atto nei confronti del solo creditore che abbia agito in revocatoria (la cosiddetta "inefficacia relativa").

In buona sostanza, il creditore potrà esperire azioni esecutive o conservative nei confronti dei terzi acquirenti (art. 2902 c. 1 c.c.), nel nostro caso nei confronti del Trustee che come abbiamo visto è il proprietario formale dei beni trasferiti in Trust.

L'azione revocatoria, come detto, si prescrive in cinque anni dalla data dell'atto di trasferimento di beni immobili in Trust, sempreché in quel momento siano già esistenti situazioni debitorie.

In caso contrario, come visto, quindi in assenza di debiti al momento di trasferimento dei beni immobili in Trust il tuo patrimonio, e di conseguenza la tua famiglia, saranno sin da subito e per sempre tutelati nei confronti dei tuoi creditori personali.

L'aspetto temporale da un lato del trasferimento dei beni in Trust, e dall'altro del giorno in cui viene esercitata l'azione revocatoria, sono pertanto determinanti ai fini della salvaguardia del tuo patrimonio. Infatti, avendo situazioni debitorie personali pendenti e trasferendo beni immobili un Trust, se trascorrono più di cinque anni dall'atto di trasferimento di detti beni (credimi che cinque anni volano) e non viene esperita alcuna azione revocatoria entro tale termine, nessun creditore potrà mai più aggredire il patrimonio che hai trasferito in Trust.

In sostanza qualora se al momento di istituire un Trust vi siano già delle situazioni debitorie personali pendenti, dovrai sperare che i tuoi creditori non esperiscano e vincano (cosa non scontata!) un'azione revocatoria per i cinque anni successivi.
Se ciò non accade il tuo Trust diventerà inattaccabile.

Ovviamente la decorrenza della prescrizione dei cinque anni si applica a ogni singolo atto di trasferimento di nuovi beni in Trust. Infatti, come avrai capito nei capitoli precedenti, il patrimonio conferito in Trust è un patrimonio dinamico e non statico, per cui è molto probabile che durante la sua vita vi siano diversi conferimenti di beni in Trust.

Se invece, come purtroppo tanti "professionisti" suggeriscono, hai già dei problemi con alcuni creditori (come ad esempio azioni esecutive da parte di terzi creditori o del fisco, piani di rientro da parte delle Banche, decreti ingiuntivi da parte di fornitori) e pensi che tramite l'istituzione e trasferimento dei tuoi beni in Trust all'ultimo momento puoi evitare di pagarli, o evitare che comunque aggrediscano tuo il patrimonio, sei sulla strada sbagliata.

Infatti, tantissimi imprenditori e professionisti, colpiti dalla crisi degli ultimi anni, sono stati mal consigliati e a dire il vero loro stessi sono stati poco attenti e poco lungimiranti, avendo perso tutto il proprio patrimonio.

Se questi imprenditori avessero invece trasferito i beni in Trust quando la loro situazione economica era ancora tranquilla non avrebbero perso tutto il loro patrimonio.

Purtroppo, o per fortuna i trasferimenti di beni in Trust (così come le donazioni) sono soggette ad azione revocatoria per cinque anni dal giorno del trasferimento. Pertanto, inutile cercare di scappare dai creditori, ma molto meglio pianificare la segregazione del proprio patrimonio.

Pignoramento entro un anno dal trasferimento dei beni in Trust – Art. 2929 bis del Codice civile

Leggendo questo libro hai ormai capito da un lato che trasferendo i tuoi beni in Trust nel momento opportuno potrai difendere il tuo patrimonio e di conseguenza la tua famiglia per sempre, dall'altro invece che il Trust non serve a "scappare" dai creditori quando ormai i problemi creditori personali o della tua azienda sono irreversibili.

Per farti capire quanto sia determinante l'aspetto temporale del trasferimento dei beni in Trust tratterò del nuovo art. 2929 bis del Codice civile introdotto nel nostro ordinamento nel 2015.

Tale articolo del Codice civile prevede che entro un anno dal trasferimento dei beni immobili o beni mobili iscritti in pubblici registri in Trust, il creditore già esistente alla data del trasferimento dei beni in Trust e munito di titolo esecutivo, se pregiudicato da tale trasferimento, abbia la possibilità di procedere a esecuzione forzata sui beni conferiti in Trust.

Il creditore potrà procedere a esecuzione forzata immediatamente se trascrive il pignoramento nel termine di un anno dalla data in cui l'atto di trasferimento dei beni in Trust è stato trascritto, ancorché non abbia preventivamente ottenuto sentenza dichiarativa di inefficacia dell'atto di trasferimento dei beni in Trust (cioè di azione revocatoria vista nel paragrafo precedente).

Quanto appena descritto ti fa capire che istituire e trasferire dei beni immobili o beni mobili iscritti in pubblici registri in Trust, qualora tu abbia dei debiti così problematici da essere stati già oggetto di un decreto ingiuntivo o di altri titoli esecutivi (che possono essere anche il rilascio di assegni o cambiali protestati nei termini previsti dalla legge), non serve a nulla.

Tali trasferimenti in Trust infatti non saranno opponibili al creditore che vanta un titolo esecutivo e che potrà aggredirli entro un anno dal trasferimento direttamente e immediatamente senza l'obbligo di una preventiva dichiarazione di inefficacia, come avviene invece in caso di azione revocatoria.

Come dico sempre, se sei un imprenditore di successo molto meglio anticipare i problemi per tempo.

Non commettere l'errore di tanti imprenditori che ho incontrato nella mia ventennale esperienza. Questi imprenditori, nonostante i consigli che ho dato loro in fase di consulenza, hanno sempre pensato che trovandosi in situazioni economiche e personali floride non avevano bisogno di istituire un Trust. Purtroppo, però molti di loro sono poi tornati da me, magari dopo qualche anno, quando purtroppo i problemi debitori o familiari si erano presentati in maniera così importante che l'istituzione del Trust non avrebbe più avuto lo stesso effetto di qualche anno addietro.

Dichiarazione di nullità del Trust - Il problema più importante da evitare

Come hai ormai compreso, l'aspetto temporale del trasferimento dei beni in Trust è sicuramente determinante per la salvaguardia del tuo patrimonio, così come visto nei paragrafi precedenti per l'azione revocatoria e per il pignoramento ex art. 2929 bis del Codice civile, ma ancora più importante è istituire un Trust che nel tempo e per "sempre" abbia tutte le caratteristiche di validità previste dalla legge e individuate dalla giurisprudenza.

Pochi imprenditori, e purtroppo pochi consulenti, sanno infatti che l'arma più pericolosa nelle mani del creditore non è l'azione revocatoria che ha "scadenza" di cinque anni (spiegata sopra in questo capitolo) ma l'azione giudiziale volta a ottenere la nullità del Trust. Tale azione infatti è ancora più incisiva dell'azione revocatoria perché non ha termini di prescrizione o decadenza, quindi in parole povere è esercitabile per sempre.
Pensa che potrebbe essere azionata anche dopo trent'anni o più dalla data di trasferimento dei beni in Trust.

Come ti ho spiegato nei capitoli precedenti, affinché un Trust con tutti i propri vantaggi sia considerato valido e operante è necessario che abbia alcune caratteristiche fondamentali.

Bada bene che queste caratteristiche di validità del Trust non me le sono inventate io, ma sono il frutto di tanti anni di sentenze dei Tribunali in cui la giurisprudenza che si è formata ha individuato quali sono le condizioni per cui un Trust non possa essere considerato nullo e quindi far tornare l'intestazione formale e sostanziale dei beni al Disponente, rendendo quei beni nuovamente aggredibili dai suoi creditori personali.

La caratteristica più importante individuata dalle sentenze dei Tribunali in questi anni è che il Trust deve essere effettivo (come visto nel Capitolo 1).

Secondo le sentenze più recenti dei Tribunali affinché un Trust sia considerato effettivo deve avere le seguenti caratteristiche: 1) il Trustee deve essere un soggetto terzo e indipendente rispetto al Disponente; 2) il Trustee deve esercitare il "controllo" (così come spiegato nel Capitolo 1) sui beni in Trust nell'interesse dei Beneficiari, secondo le indicazioni e le finalità del Disponente individuate nell'atto istitutivo di Trust; 3) il Trustee ha l'obbligo di fornire ai Beneficiari o al Guardiano un'adeguata e valida rendicontazione descrittiva e contabile del proprio operato.

Queste stesse sentenze molto spesso hanno individuato che le caratteristiche di cui sopra sono tutte presenti nei Trust con Trustee professionali.

Pertanto, in assenza della nomina di un Trustee professionale e delle tre principali caratteristiche appena viste (Trustee soggetto terzo, "controllo" sui beni in Trust, obbligo di rendicontazione contabile e descrittiva) la validità del Trust può essere facilmente messa in discussione.

Infatti, il creditore personale del Disponente, o un erede di quest'ultimo che intende aggredire il Trust, può farlo dimostrando in giudizio innanzi al Tribunale che il Disponente non voleva istituire un Trust con le tre caratteristiche sopra individuate ma probabilmente ottenere solo un'intestazione fiduciaria dei beni assolutamente passiva, continuando nel frattempo ad avere la sostanziale **disponibilità** dei beni.

Ma in questi casi in cui il Trustee esegue pedissequamente tutte le istruzioni del Disponente o dei Beneficiari, il Trust può essere dichiarato nullo dal Tribunale con la conseguenza che tutti i beni trasferiti in esso rientrerebbero immediatamente nella sfera patrimoniale del Disponente o dei Beneficiari con tutte le conseguenze del caso.

Infatti, i beni potrebbero essere aggrediti dai creditori personali del Disponente o dei Beneficiari, avendo gli stessi perso totalmente l'effetto di segregazione patrimoniale dato dal Trust.

Ti ricordo che la causa per dichiarare la nullità di un Trust non ha "scadenza", potendo essere esercitata da un qualunque creditore del Disponente o dei Beneficiari anche dopo trent'anni dal trasferimento dei beni. Dovrai pertanto prestare massima attenzione nel tempo affinché il Trust abbia sempre tutte le caratteristiche per essere considerato valido.

Legittima ed eredi

Secondo quanto previsto dall'art. 15 della Convenzione dell'Aja i Trust non possono andare contro alcune leggi interne inderogabili, chiamate norme imperative, tra cui sono comprese le norme in materia di successioni (sia legittima che testamentaria).

Questo significa che con l'istituzione del Trust da parte dell'imprenditore è opportuno che quest'ultimo preveda che tra i Beneficiari indicati nell'atto di Trust ci siano anche i propri eredi necessari, o meglio gli eredi che per legge hanno diritto obbligatoriamente a ricevere una parte del patrimonio in caso di successione. Questi soggetti secondo la legge sono i figli e il coniuge del Disponente.

La **legittima**, cioè la quota che la legge imputa obbligatoriamente ai figli, al coniuge e agli ascendenti in assenza di figli, che "non è disponibile" da parte del futuro *de cuius* (da dividersi poi in parti uguali tra loro), varia tra la metà e due terzi del patrimonio, in funzione del numero di figli e se c'è o meno un coniuge. In sostanza ogni soggetto può disporre liberamente per testamento o in vita, tramite donazioni o altre liberalità, soltanto di una parte del proprio patrimonio, chiamata **"eredità disponibile"**.

L'altra parte di patrimonio non può essere trasferita ad alcun soggetto diverso dai propri figli e il coniuge, e il titolare del patrimonio non ne può disporre diversamente da quanto previsto dalla legge (si chiama per questo quota indisponibile).

Ai fini della determinazione della quota di patrimonio "disponibile" bisogna fare riferimento al momento di **apertura** della **successione** quindi solo successivamente al decesso dell'imprenditore e non mentre è in vita.

Un esempio semplice può chiarire il tutto: un imprenditore con due figli e moglie decide in vita di istituire un Trust e di trasferire in esso tutto il suo patrimonio del valore di **2 milioni di euro**, e di nominare come **Beneficiario** un **ente benefico escludendo** totalmente il **coniuge** e i **figli**. Con tale atto dispositivo potrebbe sembrare, per quello che abbiamo visto prima, che l'imprenditore abbia violato le norme sulla parte "indisponibile" del patrimonio e sulla legittima.

Il **giorno prima di passar a miglior vita** l'imprenditore **vince** alla lotteria ben **8 milioni di euro**.

Ecco che se la verifica delle quote di legittima e di disponibile (la parte che la legge lascia liberamente disponibile alla volontà dell'imprenditore) si fosse calcolata alla data del trasferimento dei beni in Trust (2 milioni erano il 100% del patrimonio) sarebbe stata ben differente rispetto al caso in cui la quota disponibile fosse stata calcolata come per legge alla data dell'apertura della successione (2 milioni di euro trasferiti in Trust erano il 20% del patrimonio totale fatto di ben 10 milioni di euro: 8 milioni di euro della lotteria più 2 milioni di euro trasferiti in Trust).

Quindi essendo i 2 milioni di euro inferiori alla parte disponibile del patrimonio (in questo esempio la disponibile è del 25%) l'imprenditore non ha violato le norme in materia di disponibilità del patrimonio, e il Trust istituito escludendo i figli e il coniuge non potrà essere soggetto ad azione di riduzione o altro tipo di azioni testamentarie da parte degli eredi legittimi.

Questo esempio ti fa capire che finché sei in vita puoi disporre liberamente con il Trust di tutto il tuo patrimonio. Eventuali calcoli sulla legittima e sulla quota "disponibile" del tuo patrimonio saranno compiuti solo ed esclusivamente al momento dell'apertura della tua successione.

Inoltre, le eventuali azioni di riduzione da parte di eredi non soddisfatti dalla divisione ereditaria, con riferimento a trasferimenti in Trust di somme di denaro, potranno essere esercitate solo sulle somme di denaro da te trasferite in Trust e non, ascoltami bene, sui beni che il Trust avrà acquistato con le somme trasferite.

Anche in questo caso diventa lampante l'opportunità di istituire un Trust all'inizio di una nuova attività imprenditoriale.

Mi spiego meglio.

Potresti trasferire poche migliaia di euro in Trust, indicando al Trustee la volontà di costituire una società a responsabilità limitata nominando magari te stesso come amministratore.

Qualora questa società dovesse diventare la nuova Facebook, Instagram o Airbnb, le quote della stessa non potrebbero essere mai oggetto di richiesta da parte di eventuali eredi (figli e coniugi) e neanche da nessun creditore personale se non, ascoltami bene, nel limite delle poche migliaia di euro trasferite inizialmente al Trustee.

Il Trust come vedi, lo continuo a ripetere, è per imprenditori di successo, per imprenditori che guardano al domani.

Tornando al tema della quota "disponibile" del patrimonio da parte del Disponente in tema di successione, sottolineo come i Trust ben fatti molto spesso tendano a ridurre sensibilmente sia i casi di lesione della legittima che comunque i conflitti tra eredi.

Infatti, una situazione certamente tipica all'interno di un Trust è quella in cui un erede legittimario (figlio o coniuge) risulti al tempo stesso titolare di posizioni beneficiarie all'interno del Trust che l'imprenditore ormai defunto ha istituito.

Naturalmente essere anche Beneficiario del Trust, come abbiamo visto, non esclude il diritto dell'erede legittimario di entrare subito in possesso della quota a esso spettante e di non attendere il termine di chiusura del Trust così come individuato nell'Atto di Trust.

Tuttavia, non è raro trovarsi di fronte a situazioni in cui, essendo il soggetto che si ritiene in qualche misura leso anche Beneficiario del Trust, l'atto istitutivo dello stesso, se ben scritto, contenga una clausola che comporti la perdita della posizione di Beneficiario nel caso in cui il soggetto agisca in giudizio contro il Trust stesso.

In questo modo il legittimario potrebbe non avere più un reale interesse nell'intraprendere un'iniziativa giudiziale contro il Trust, per la perdita economica che gliene deriverebbe da situazioni potenzialmente più vantaggiose restando Beneficiario dello stesso.

A ciò si aggiunga che tutti i frutti percepiti dal Trust provenienti dai beni in esso conferiti (affitti provenienti da beni immobili, interessi sulle somme liquide, dividendi su partecipazioni societarie ecc.) durante la sua vita, per legge non potrebbero essere oggetto della possibile richiesta di restituzione da parte dell'erede legittimario.

Facciamo un esempio. Un imprenditore con due figli ma senza coniuge istituisce un **Trust** trasferendo **beni immobili** per il valore di **un milione di euro**. Nomina come **Beneficiari** del Trust i due **figli** per il **15%** ognuno e un ente di beneficenza per il 70%. Secondo le norme viste precedentemente a ogni figlio spetterebbe a titolo di **erede legittimo almeno il 33%** del patrimonio, mentre l'ultimo 33% sarebbe la parte disponibile di cui l'imprenditore può disporre liberamente.

Il Trust percepisce affitti dagli immobili conferiti in Trust, per semplicità immaginiamo già tassati, per il 18% all'anno, quindi per 180.000 euro all'anno.

Dopo vent'anni il Trust si ritrova sempre il bene del valore di un milione di euro ma ha anche accumulato affitti tassati per 3.600.000 euro per un totale del **valore in Trust di 4.600.000 euro**.

All'apertura della successione ogni figlio potrebbe richiedere al Trust il 33% di quanto trasferito inizialmente (essendo questa la sua quota di legittima) quindi 330.000 euro (33% di un milione di euro), ma così facendo sarebbe escluso dalla categoria dei Beneficiari, dovendo quindi **rinunciare** a quanto gli spetterebbe come **Beneficiario (690.000** euro, pari al 15% di 4.600.000 euro) e **ottenere** solo quanto in suo diritto come **erede legittimo**, pari a **330.000 euro** (con una perdita pari a 360.000 euro).

Come vedi, se da un lato esistono delle norme interne inderogabili come il divieto delle lesione della legittima, un Trust ben scritto e verificato, come visto precedentemente, da un Trustee professionale con esperienza, può tranquillamente ridurre le eventuali azioni di riduzione da parte degli eredi apportando inoltre, grazie allo stesso Trust, tutti i vantaggi visti in questo libro (segregazione patrimoniale dei beni trasferiti in Trust rispetto al patrimonio del Disponente e dei Beneficiari, gestione unitaria dei beni in Trust, gestione efficiente del passaggio generazionale, riduzione dei conflitti familiari, riduzione delle problematiche in caso di decesso in presenza di figli minori o con disabilità ecc.).

RIEPILOGO DEL CAPITOLO 6:

In questo Capitolo abbiamo analizzato le principali aggressioni giuridiche che può subire un Trust, dall'azione revocatoria ordinaria al pignoramento dei beni trasferiti in Trust entro un anno se il creditore è provvisto di titolo esecutivo, alla pericolosissima richiesta di nullità per i Trust gestiti male e in ultimo i problemi relativi alla tutela degli eredi del Disponente.

- SEGRETO n. 21: Se trasferisci dei beni in Trust in un momento in cui non hai problemi con i creditori il tuo patrimonio sarà per sempre tutelato e protetto e di conseguenza la tua famiglia. Un patrimonio trasferito in Trust nel modo corretto e al momento opportuno non sarà mai soggetto neanche alla revocatoria ordinaria di cinque anni.

- SEGRETO n. 22: Se istituisci un Trust dovrai preoccuparti per sempre che sia gestito da un Trustee che abbia esperienza e competenza, in caso contrario esisterà sempre la possibilità per i creditori tuoi, come Disponente, e dei Beneficiari di far dichiarare nullo il Trust. La garanzia maggiore per avere un Trust valido è scegliere sempre un Trustee professionale con esperienza.

- SEGRETO n. 23: Grazie al Trust potrai gestire al meglio il tuo patrimonio da lasciare ai Beneficiari (eredi) potendo avere maggior elasticità rispetto a un testamento e continuando a garantire la tutela patrimoniale ai Beneficiari (eredi) anche quando non ci sarai più, riducendo inoltre in maniera importante i conflitti tra i Beneficiari (eredi).

Vai alla pagina delle Conclusioni di questo libro, in cui troverai un link per accedere all'area *Membership* del libro dove troverai tutte le sentenze menzionate e di supporto a questo libro, i video e altri contenuti extra pensati appositamente per te.

Capitolo 7:

I 2 principali aspetti della fiscalità del Trust

L'Italia ha ratificato la convenzione dell'Aja nel 1989 entrata poi in vigore nel 1990. L'utilizzo del Trust in Italia è avvenuto però in maniera importante solo a partire dal 2007, ben diciassette anni dopo. Questo perché solo con la Legge finanziaria del 2007 è stato introdotto in Italia il regime fiscale dei Trust, almeno per le imposte dirette (Irpef e Ires). Come puoi ben capire era difficile prima del 2007 pensare di istituire dei Trust, non avendo minimamente idea di come il Trust sarebbe stato tassato.

Ricordo che in quegli anni a Milano capitava spesso che diversi imprenditori chiedessero dei pareri legali a importanti studi di fiscalità internazionale. Come potrai immaginare, data la grande incertezza che verteva sull'argomento della fiscalità del Trust, accadeva spesso che due diversi studi professionali dessero opinioni legali completamente opposte, e proprio per l'esistenza di questa incertezza fiscale in Italia si istituivano davvero pochi Trust.

Tra un po' vedremo gli aspetti fiscali principali del Trust e analizzeremo le due imposte principali a lui riferite.

Ti anticipo però che lo spirito di questo libro è darti le informazioni principali che servono ad avere una buona infarinatura generale sul Trust, e soprattutto è scritto in linguaggio molto pratico e concreto a te che sei un imprenditore.

Per tali ragioni non mi soffermerò su troppi tecnicismi che è opportuno demandare al professionista a cui deciderai di rivolgerti (potrai comunque scaricare dalla *Membership*, il cui link troverai nelle Conclusioni di questo libro, gli articoli tecnici che ti avevo anticipato nell'Introduzione).

Comunque, le nozioni che avrai appreso con la lettura di questo libro ti permetteranno un approccio consapevole nei confronti del professionista che sceglierai, perché comprenderai perfettamente tutto quello che ti consiglierà.

Come ti ho detto questo capitolo non vuole quindi essere un manuale tecnico di fiscalità del Trust, che da solo richiederebbe la stesura di un libro sull'argomento.

Le prime imposte **(fiscalità indiretta)** che analizzeremo sono le **imposte indirette**, nello specifico l'**Imposta di successione e donazione e l'Imposta ipotecaria e catastale** legate fondamentalmente a 1) il **trasferimento iniziale** dei beni in Trust da parte del Disponente; 2) la **distribuzione** del **patrimonio in Trust ai Beneficiari** da parte del Trustee (non anche del reddito, e di questo ne parleremo a breve); 3) la **chiusura** del **Trust**.

Con riferimento alle imposte indirette le domande che normalmente ci si pone sono:

1) Se un imprenditore (Disponente) ha delle somme di denaro, delle quote societarie e dei beni immobili e vuole istituire un Trust, come è tassato il trasferimento di questi beni nel Trust istituito?

2) Una volta istituito il Trust e trasferiti i beni, come è tassato il successivo trasferimento dei beni dal Trust ai Beneficiari finali dello stesso (ad esempio i figli del Disponente)?

Le altre imposte **(fiscalità diretta)** che analizzeremo sono le **imposte dirette**, nello specifico l'**Ires (Imposta sul Reddito delle Società)** e l'**Irpef (Imposta sul Reddito delle Persone Fisiche)** legate alla tassazione dei frutti derivanti dai beni in Trust.

Con riferimento alle imposte dirette le domande che normalmente ci si pone sono:

1) Dopo il trasferimento dei beni in Trust da parte dell'imprenditore Disponente, come è tassato l'**affitto** derivante dai beni immobili trasferiti?

2) Come sono tassati i **dividendi** delle società le cui quote sono detenute in Trust?

3) Come sono tassate le **plusvalenze** derivanti dalla cessione delle partecipazioni delle società le cui quote sono detenute in Trust?

4) Come sono tassati gli **interessi** bancari maturati dalle somme di denaro detenute dal Trust?

Prima di iniziare con la disamina delle domande di cui sopra voglio ricordarti che l'aspetto fiscale è sempre e solo un effetto derivante dal porre in essere un Trust e mai un fine. Ti sembrerà strano ma qualche anno fa, quando c'era una grande agevolazione fiscale sulla tassazione dei dividendi distribuiti da società di capitali ai Trust, rispetto alla tassazione dei dividendi distribuiti direttamente a un socio persona fisica, moltissimi professionisti "vendevano" il Trust come strumento per ottenere dei vantaggi fiscali.

Questo è proprio quello che un professionista serio non dovrebbe fare. Infatti, dopo qualche anno, la normativa fiscale sulla tassazione dei dividendi in Italia è completamente cambiata, eliminando di fatto questo vantaggio fiscale, e tanti imprenditori mal consigliati si sono ritrovati dei Trust istituiti senza averli scelti con cognizione di causa, ma solo per ottenere dei vantaggi fiscali.

A mio avviso, per tutto quello che abbiamo visto in questo libro, istituire un Trust è un'ottima soluzione per risolvere tantissimi problemi e in particolar modo per anticiparli, ma ritengo che il Trust debba essere uno strumento che deve essere utilizzato comprendendone tutte le potenzialità e le regole e non certo per rincorrere un vantaggio fiscale.

È come dire: dono tutti i miei beni a mio figlio o a un ente di beneficenza per un vantaggio fiscale.

Lo faccio per mille altri motivi e questa azione avrà ovviamente il proprio impatto fiscale che, a seconda del momento e del periodo, sarà più o meno vantaggioso, ma non certo soltanto per ottenere tale vantaggio fiscale.

Prima premessa importante. In questo capitolo analizzeremo solo la **fiscalità** del **Trust familiare,** istituito quindi da una **persona fisica** e che abbia come **Beneficiari** i **propri familiari,** anche perché è l'unica tipologia di Trust di cui abbiamo parlato nel libro.

Quando parlo di persona fisica mi riferisco chiaramente anche a imprenditori o professionisti che trasferiscono in Trust il proprio patrimonio personale, tra cui possono essere ricomprese anche le quote delle proprie società (che possono essere sia società che svolgono attività di impresa che di gestione immobiliare) o beni immobili personali, opere d'arte, crediti, somme di denaro.

Seconda premessa importante.

Analizzeremo la fiscalità del Trust toccando **solo i temi più ricorrenti** e dando **solo le linee guida** principali. Esistono, come già anticipato, tantissimi manuali tecnici che approfondiscono l'argomento, ma credimi, dopo anni e anni di formazione in giro per l'Italia posso assicurarti che con queste pochissime informazioni ne saprai molto di più di tantissimi professionisti.

1. Fiscalità indiretta

Per comprendere meglio la fiscalità indiretta sul Trust iniziamo con il suddividere la **vita** del **Trust** in **tre momenti**:

1) **istituzione** e **trasferimento** da parte del Disponente imprenditore dei **beni** personali (ad esempio immobili, quote societarie, denaro, opere d'arte, autovetture) **in Trust**;

2) gestione da parte del Trustee di questi beni, attraverso anche la loro **vendita** o **l'acquisto durante** la **vita** del Trust;

3) **assegnazione** dei **beni** in Trust ai **Beneficiari** finali.

1.1 Fiscalità indiretta - Trasferimento dei beni dal Disponente al Trust (Trustee) - Tesi dell'Agenzia delle Entrate

Una volta compresa la grandissima utilità del Trust per la tutela del tuo patrimonio è opportuno verificare quella che ad oggi è la tassazione a cui l'imprenditore o professionista va incontro nel momento del trasferimento dei beni in Trust.

Partiamo dall'assunto che ad oggi non esiste una normativa specifica sulla fiscalità indiretta del Trust (mentre esiste sulla fiscalità diretta, Ires e Irpef, di cui parleremo a breve), ma solo delle Circolari dell'Agenzia delle Entrate, di cui la prima e più importante è la n. 48/E del 2007.

Queste circolari, che non sono delle vere e proprie norme, fungono come punto di riferimento sia per l'Amministrazione finanziaria che per professionisti e operatori del Trust per orientarsi sul tipo di fiscalità indiretta da applicare a quest'ultimo.

La circolare 48/E del 2007 è stata emanata innanzitutto per chiarire tutti i dubbi sorti in seguito alle novità relative all'introduzione in Italia (Legge finanziaria 2007) della normativa fiscale sul Trust riguardante la fiscalità diretta (Ires e Irpef).

La Legge finanziaria 2007 introduceva e regolava solo la fiscalità diretta (tassazione ad esempio degli affitti derivanti da un immobile in Trust) e non anche quella indiretta che stiamo affrontando adesso. Pertanto, nel solco di questo vuoto normativo, la circolare si è preoccupata di dare anche un indirizzo importante sulla fiscalità indiretta.

Secondo l'Agenzia delle Entrate, pertanto, al **trasferimento** di **beni** da parte di una persona fisica (Disponente) in un Trust familiare (il Trust di cui ci stiamo occupando in questo libro) si applicano le **Imposte** di **successione** e **donazione,** andando a verificare per quanto riguarda l'aliquota e la franchigia da applicare, che vedremo successivamente, il rapporto intercorrente tra il Disponente e i Beneficiari Finali del Trust a nulla rilevando la relazione tra Disponente e Trustee.

Un primo aspetto da sottolineare è che quando si istituisce un Trust familiare possono sussistere **due categorie di Beneficiari**: i **Beneficiari del reddito** e i **Beneficiari finali**. I primi (Beneficiari di reddito) avranno diritto, sempre secondo quanto indicato nell'Atto di Trust, ai redditi prodotti dai beni in Trust (ad esempio gli affitti derivanti da beni immobili).

I secondi (Beneficiari finali) invece avranno diritto di ricevere i beni che al termine della durata del Trust, o in un momento antecedente, saranno presenti al suo interno (ad esempio i beni immobili).

Facciamo un esempio per capire meglio. Sei un imprenditore con tre figli. Istituisci un Trust familiare con durata quarant'anni e trasferisci al suo interno cinque immobili e quote societarie.

Nell'atto di Trust decidi che tuo **fratello** (è un esempio per comprendere bene) sarà il **Beneficiario del reddito** mentre i tuoi **figli** e magari i tuoi nipoti, in assenza dei tuoi figli, saranno i **Beneficiari finali** del Trust.

Questo significa che tuo fratello, fin quando in vita, sarà Beneficiario del reddito, quindi degli affitti degli immobili e dei dividendi distribuiti dalle società trasferite in Trust.

Al termine della durata del Trust invece, tra quarant'anni, gli immobili, le quote e ovviamente quanto ancora in Trust, perché accumulato e non distribuito, sarà assegnato ai Beneficiari finali, i tuoi figli e i tuoi nipoti, in parti uguali (come se fosse stato un testamento).

Ecco, quello che conta per verificare la corretta fiscalità indiretta (**aliquote** e **franchigie** delle **Imposte** di **successione** e **donazione** di cui parleremo a brevissimo) è il **rapporto** tra il **Disponente** e i **Beneficiari finali** (figli e nipoti in questo caso) e non conta invece il rapporto tra Disponente e Beneficiario di reddito, tuo fratello in questo caso, che mai avrà i beni ma solo i redditi prodotti dai beni in Trust.

Pertanto, secondo quanto affermato dall'Agenzia delle Entrate, al momento del trasferimento dei beni personali in Trust da parte del Disponente, le imposte da applicare saranno le imposte di successione e donazione avendo riguardo per l'applicazione delle corrette aliquote e franchigie, al rapporto tra il Disponente e i Beneficiari finali (nel caso precedente i figli e i nipoti).

1.1 Rapporto tra Disponente e Beneficiario Finale

Di seguito ti elencherò le aliquote e le franchigie che bisognerà verificare e applicare al momento dell'istituzione del Trust e comunque ogni qualvolta vengano trasferiti dei beni in Trust.

- **Coniuge** e **parenti** in **linea retta** (figli, nipoti, genitori ecc.) - **4%** sul valore netto globale eccedente (**franchigia**) **1.000.000,00 (1 milione) di euro** per ogni **Beneficiario;**
- **Fratelli** e **sorelle - 6%** sul valore netto globale eccedente (**franchigia**) **100.000,00 (centomila) euro** per ogni **Beneficiario;**
- **Altri parenti** fino al **quarto grado** e affini in linea retta, nonché affini in linea collaterale fino al terzo grado - **6% senza franchigia;**
- **Altri soggetti** diversi dai precedenti - **8% senza franchigia;**

- Se il Beneficiario finale è una persona portatrice di **handicap grave** in tutti i casi precedenti la **franchigia** diventa **1.500.000,00 (1 milione e mezzo) di euro**.

Alla precedente Imposta di successione e donazione bisogna aggiungere, qualora ci siano dei **beni immobili,** le **Imposte ipotecarie (2%)** e **catastali (1%)** calcolate sulle rendite catastali rivalutate degli immobili.

Facciamo un esempio: istituisci un Trust familiare, trasferisci un patrimonio immobiliare del valore di 2.500.000 (due milioni e mezzo) di euro e indichi come Beneficiari finali in parti uguali i tuoi due figli.

Applicando le imposte di successione e donazione dovrai pagare quanto segue: il rapporto tra te Disponente e i tuoi figli che sono i Beneficiari finali è quello individuato nel primo punto (coniuge e parenti in linea retta), quindi avrai una franchigia di 1.000.000 (un milione) di euro per ogni Beneficiario finale figlio, per un totale di 2.000.000 (due milioni) di euro di franchigia.

Pertanto, solo sulla differenza (per questo si parla di franchigia) tra il valore del patrimonio immobiliare di 2.500.000 (due milioni e mezzo) di euro e la franchigia totale di 2.000.000 (due milioni) di euro (un milione di euro per ogni Beneficiario finale figlio), quindi su 500.000 (cinquecentomila) euro, bisognerà applicare l'aliquota corrispondente ai coniugi e parenti in linea retta pari al 4%. In conclusione, nella situazione qui delineata le imposte da versare saranno solo 20.000,00 (ventimila) euro, pari al 4% di 500.000 (cinquecentomila) euro.

Aspetto molto importante da evidenziare è che oltre alle **aliquote** molto basse e alle **franchigie** a volte importanti (un milione di euro per coniuge e singolo discendente), la base imponibile su cui calcolare le franchigie e quindi le imposte **non** è sul **valore di mercato** dei **beni**, ma su valori inferiori.

Nell'esempio abbiamo parlato di un valore immobiliare di 2.500.000 (due milioni e mezzo) e volutamente non sono stato molto specifico.

Vediamo secondo la legge qual è il parametro su cui calcolare il valore degli immobili trasferiti in Trust ai fini dell'applicazione delle imposte indirette.

Per tua fortuna (da non credere, ma per le Imposte di successione e donazione siamo considerati un **paradiso fiscale**) in caso di trasferimento di beni immobili in Trust il valore effettivo su cui calcolare franchigie e aliquote da parte di una persona fisica è quello delle rendite catastali degli immobili rivalutate (per esperienza molto spesso sensibilmente inferiori ai valori di mercato).

Pertanto, molto probabilmente sempre riferendosi all'esempio di cui sopra, il valore immobiliare di 2.500.000 (due milioni e mezzo) di euro su cui abbiamo calcolato le franchigie e le aliquote, essendo come visto per legge quello delle rendite catastali rivalutate, probabilmente corrisponde a un valore reale in commercio più elevato, ad esempio 4.000.000 (4 milioni) di euro.

Questo per rafforzare il concetto che le imposte di successione e donazione sono davvero basse rispetto a quelle di altri Paesi.
Anche il parametro per valutare franchigie e aliquote da applicare

al trasferimento di quote societarie in Trust non è il loro valore di mercato, ma il loro valore netto contabile.

Per te che sei un imprenditore capirai che si tratta nella stragrande maggioranza dei casi di valori ben inferiori a quelli di mercato.

Per chiarire ulteriormente questi concetti ti farò un altro esempio più completo.

Immaginiamo che tu abbia **dieci immobili** con un **valore** di **mercato** di **4,5 milioni di euro** ma con un valore di **rendita catastale** rivalutata di **2,7 milioni di euro**. Immagina di avere anche **quote societarie** (tra un po' vedremo che esistono anche agevolazioni per il passaggio generazionale di aziende e quote societarie) di un **valore** di **mercato** di **un milione di euro**, ma con un **patrimonio netto contabile** di **300.000 euro**.

Istituisci un Trust trasferendo tutti questi beni al suo interno e individuando come **Beneficiari finali** i tuoi **tre figli**. Essendo applicabile per ogni discendente una franchigia pari a un milione di euro, avrai ben 3 milioni di euro di franchigia da scontare.

Tale valore è esattamente pari a quello su cui dovrebbero applicarsi le Imposte di successione e donazione, che a questo punto saranno pari a zero.

Dovrai solo versare il 3% delle Imposte ipotecarie e catastali calcolate sulla rendita catastale rivalutata del valore degli immobili trasferiti in Trust, quindi il 3% di 2.700.000 (due milioni e settecento mila) euro pari a solo 81.000 (ottantuno mila) euro su un patrimonio complessivo con un valore di mercato di 5.500.000 (cinque milioni e cinquecentomila) euro, pari a meno dell'1,5% di imposte complessive. Davvero un'inezia.

Inoltre, qualora il Beneficiario finale del Trust fosse una **Onlus,** esistono agevolazioni fiscali che permettono di non versare **alcuna Imposta, incluse quelle ipotecarie e catastali.**

Gli **autoveicoli** iscritti al pubblico registro automobilistico sono **esclusi dall'Imposta** di successione e donazione, come pure i beni mobili considerabili di modico valore.

Esistono poi alcune **agevolazioni** per il **passaggio generazionale** delle **aziende** che sono state estese anche ai trasferimenti ai Trust (art. 3 comma 4-ter del D.Lgs 346/1990). Infatti le **aziende** (o i **pacchetti di maggioranza delle società di capitali** o le **quote** delle **società** di **persone** a prescindere dalla percentuale del capitale sociale) trasferite in Trust dall'imprenditore, che abbia indicato come Beneficiari finali i figli, sono esenti da Imposta di successione e donazione se il Trustee si impegna a proseguire l'azienda o a detenere le quote societarie trasferite in Trust per un periodo di almeno cinque anni dalla data del trasferimento.

Con la **legge 112/2016**, nota come legge sul **"Dopo di noi"**, il legislatore ha introdotto importanti agevolazioni fiscali a supporto di tutte quelle iniziative orientate alla tutela delle **persone con disabilità gravi**.

Uno di questi strumenti è il **Trust "Dopo di noi"** per il quale non è prevista alcuna tassazione indiretta.

Nel trasferimento di beni al Trust "Dopo di noi" che rientra nella norma citata (non è questo il luogo dove approfondire) **non sono applicate imposte**, tantomeno qualora i beni siano retrocessi al

Disponente. Ci sarà invece una normale applicazione delle imposte di successione e donazione e ipotecarie e catastali secondo le aliquote e le franchigie viste prima qualora i beni siano trasferiti dal Trust "Dopo di noi" ad altri Beneficiari diversi delle persone con disabilità gravi per cui era stato costituito.

1.2 Fiscalità indiretta - Operazioni effettuate dal Trustee durante la vita del Trust

In caso di Trust familiare in cui il Trustee non esercita direttamente alcuna attività di impresa (ed è la quasi totalità dei casi), alla compravendita dei beni in Trust durante la vita dello stesso si applicheranno le normali regole sull'imposta di Registro.

1.3 Fiscalità indiretta - Trasferimento dei beni dal Trustee ai Beneficiari finali - Tesi dell'Agenzia delle Entrate

Secondo l'Agenzia delle Entrate (ti ricordo che con riferimento alle imposte indirette esistono solo circolari dell'Agenzia delle Entrate e nessuna normativa), il Trust deve essere considerato come un unico atto e non due atti separati.

Quindi il Disponente trasferisce momentaneamente i beni al

Trustee affinché li gestisca e li tuteli nell'interesse dei Beneficiari fino al termine della durata del Trust, o a un momento antecedente in cui i beni in Trust saranno trasferiti ai Beneficiari finali.

L'Agenzia delle Entrate considera che il passaggio da tassare sia solo quello iniziale dal Disponente al Trustee (considerando, come visto prima, ai fini del calcolo delle franchigie e delle aliquote il rapporto tra il Disponente e i Beneficiari finali) e non anche il secondo passaggio dal Trustee ai Beneficiari finali che è logica conseguenza del primo.

Il risvolto fiscale di quanto appena detto è che secondo l'Agenzia delle Entrate non esiste una seconda tassazione.
Quando i beni in Trust vengono trasferiti dal Trustee ai Beneficiari finali non ci sarà nessuna ulteriore tassazione da versare oltre quella già effettuata al momento del trasferimento dei beni in Trust da parte del Disponente.

D'altronde applicando le imposte di successione e donazione è corretto ritenere che il Disponente volesse, per il tramite del Trustee, attribuire i beni in Trust ai suoi Beneficiari finali.

1.4 Fiscalità indiretta - Trasferimento dei beni dal Trustee ai Beneficiari finali - Tesi dei professionisti e della Giurisprudenza dominante

Sono tantissimi i professionisti (commercialisti, avvocati tributaristi, notai ecc.) e la Giurisprudenza (soprattutto la Cassazione) che ritengono, contrariamente a quanto indicato dall'Agenzia delle Entrate nelle proprie circolari, che la tassazione del trasferimento dei beni in Trust dovrebbe avvenire non nel momento in cui i beni vengono trasferiti dal Disponente al Trustee, ma solo successivamente, quando dal Trustee vengono trasferiti ai Beneficiari finali.

Anche io concordo con questa tesi dal lontano 2007 quando fu esplicitato l'orientamento dell'Agenzia delle Entrate, e in questi anni mi sono battuto perché venisse applicata anche dalla Giurisprudenza (i risultati, soprattutto i più recenti, mi hanno dato ragione). In effetti se ci pensi bene è solo nel momento in cui i beni trasferiti in Trust dal Disponente passano nelle titolarità dei Beneficiari finali che questi ultimi si "arricchiscono" concretamente, e quindi sarebbe questo il momento corretto in cui applicare le Imposte di successione e donazione.

Parlando però in modo pratico è a mio avviso spesso molto più conveniente, "stranamente", seguire l'orientamento dell'Agenzia delle Entrate. Oggi si applicano Imposte di successione e donazione davvero basse.

Domani, da un lato il valore (pensa alle società) su cui calcolare le Imposte di successione e donazione potrebbe crescere sensibilmente, dall'altro in maniera ricorrente si sentono proposte di legge che vorrebbero aumentare le aliquote e ridurre le franchigie da applicare alle Imposte di successione e donazione, facendole aumentare in modo esponenziale.

Altro aspetto da valutare è che pagando le imposte solo al momento di attribuzione dei beni ai Beneficiari finali li potresti lasciare in difficoltà. Potrebbe accadere infatti che i Beneficiari finali ricevano dal Trust dei beni immobili ma non abbiano liquidità necessaria per pagare le imposte richieste.

Pertanto il consiglio che posso darti, per essere molto pratico e concreto e poco accademico (questo lo faccio quando insegno in giro per l'Italia), e che do quasi sempre in fase di consulenza ai miei clienti, è di aderire alla tesi dell'Agenzia delle Entrate; versare quanto richiesto, che abbiamo visto essere davvero minimo rispetto al valore di mercato del patrimonio conferito in Trust, essere certi di non incorrere in nessun contenzioso tributario con l'Agenzia delle Entrate e in ultimo non lasciare ai Beneficiari finali "conti da pagare all'Agenzia delle Entrate".

2. Fiscalità diretta

In questo paragrafo analizzeremo brevemente la fiscalità diretta del Trust, ovvero come viene tassato il reddito prodotto e derivante dai beni trasferiti in Trust da parte dell'imprenditore Disponente durante la vita del Trust.

Mentre nei paragrafi precedenti abbiamo analizzato la fiscalità del trasferimento dei beni dal Disponente al Trust e dal Trust ai Beneficiari finali, adesso analizzeremo come durante la vita del Trust è tassata la produzione del reddito derivante ad esempio dalla locazione di beni immobili, dalla distribuzione di dividendi derivanti dalla detenzione di partecipazioni in società di capitali, la cessione da parte del Trustee di queste di partecipazioni in società e la vendita a terzi di opere d'arte.

Una premessa importante da fare a questo punto è che faremo riferimento solo ai **Trust familiari che non svolgono direttamente attività commerciale** quindi tratteremo solo i Trust familiari **enti non commerciali**, che per mia esperienza in Italia sono il 99% dei casi.

Con la Legge finanziaria del 2007 finalmente in Italia è stata introdotta una normativa sulla fiscalità diretta del Trust (Ires, Imposta sul Reddito delle Società e Irpef, Imposta sul Reddito delle Persone Fisiche) nello specifico nell'**art. 73** primo comma **lettere b)**, **c)** e d) del Testo Unico delle Imposte sui Redditi (**TUIR**).

Nell'art. 73 primo comma, lettera b) TUIR troviamo indicati i Trust commerciali, cioè i Trust che svolgono un'attività imprenditoriale e nei quali il Trustee si qualifica come imprenditore, che vengono equiparati da un punto di vista fiscale a un ente commerciale.
Come detto, questo caso è solo residuale e pertanto non lo tratteremo.

Nell'**art. 73 primo comma, lettera c) TUIR**, invece, troviamo il **99% dei Trust familiari** ovvero i **Trust non commerciali** e che fiscalmente vengono equiparati a un **ente non commerciale**.

Infine, l'art.73 primo comma, lettera d) TUIR fa riferimento ai Trust non residenti in Italia, che sono soggetti passivi Ires per i redditi prodotti nel territorio dello Stato.

Il Trust determina il proprio reddito sulla base della qualificazione dell'attività come commerciale o non commerciale.

Per il Trust commerciale tutto il reddito prodotto sarà reddito d'impresa: si applicheranno le regole che governano la determinazione del reddito degli enti commerciali come, per intenderci, simile a una società di capitali.

Se invece, il Trust si qualifica come ente non commerciale, come dicevo nel 99% dei casi dei Trust familiari esistenti, i redditi saranno tassati sulla base della loro natura, cioè apparterranno alle diverse categorie reddituali (redditi fondiari, redditi di capitale, redditi diversi, redditi d'impresa) proprio come avviene a una persona fisica.

Infatti, nel libro spesso ti ho detto che il Trustee e quindi il Trust, ai fini della fiscalità diretta (Ires e Irpef) è come se si sostituisse al

Disponente. In pratica, per semplificare, la tassazione del Trust familiare non commerciale è molto simile a quella precedente al trasferimento dei beni in Trust, in cui il Disponente persona fisica era proprietario diretto dei beni.

Un imprenditore persona fisica è abituato a ragionare sulla tassazione dei propri redditi personali, a esclusione di quelli derivanti dalla propria attività imprenditoriale, conoscendo le singole modalità di tassazione di un determinato reddito.

Ad esempio, come persone fisiche siamo abituati a pensare come segue: se la mia società mi distribuisce dei dividendi sarò tassato al 26%; se vendo un bene immobile che detengo da più di cinque anni non sarò tassato.

Se ho dei fondi in gestione avrò una tassazione del 26%; se affitto un immobile sarò tassato con la mia aliquota marginale progressiva, o se posso con cedolare secca.

Come vedi per ogni categoria di reddito sappiamo come sarà la tassazione.

Il **Trust familiare ente non commerciale** dovrà da un lato, come le persone fisiche, **determinare** in funzione delle singole categorie reddituali il **proprio reddito**, dall'altro **dopo** aver fatto questo calcolo **definire il soggetto** che dovrà essere **assoggettato a imposizione**, il **Trust oppure i Beneficiari.**

2.1 Trust fiscalmente opaco, trasparente e misto

Da un punto di vista di fiscalità diretta (Ires e Irpef) esistono tre macrocategorie di Trust:

1) il Trust **discrezionale** "fiscalmente **opaco**";

2) il Trust **non discrezionale** "fiscalmente **trasparente**"

3) il Trust **parzialmente discrezionale** quindi in parte Opaco e in parte Trasparente denominato "fiscalmente **misto**".

Il Trust discrezionale fiscalmente opaco determina il reddito con le stesse modalità del Trust non discrezionale trasparente e del Trust parzialmente discrezionale misto, ma la differenza tra il Trust opaco e quello trasparente è che il **Trust opaco** in dichiarazione liquida le imposte e paga direttamente sul reddito **l'Ires** con l'aliquota del **24%,** mentre il **Trust trasparente** imputa per trasparenza il **reddito** ai **Beneficiari** che saranno tassati con la propria aliquota **Irpef**, come se fosse una società di persone, immagina una Società in accomandita semplice (SAS), che una volta determinato il reddito lo imputa ai soci per trasparenza e saranno questi ultimi a pagare le imposte secondo le proprie aliquote Irpef.

Il Trust misto, come abbiamo visto, avrà invece una parte di reddito tassata direttamente in capo al Trust (per la parte discrezionale) con aliquota Ires al 24%, e in parte per trasparenza in capo ai Beneficiari del reddito per la parte non discrezionale con la propria aliquota Irpef.

Nel caso in cui vi siano regimi sostitutivi di tassazione dei redditi o il reddito conseguito dal Trust subisca ritenuta alla fonte a titolo di imposta, il reddito in questione risulterà escluso dalla formazione della base imponibile del Trust, e questo vale sia per il Trust opaco, che per quello trasparente e misto.

Nello specifico, in caso di **Trust discrezionale fiscalmente opaco** sarà tassato direttamente il Trust con aliquota **Ires** al **24%** (qualora ci siano poi alcune distribuzioni di questi redditi già tassati ai

Beneficiari di reddito non ci sarà alcuna seconda tassazione). Invece, qualora ci dovessimo trovare di fronte a un **Trust non discrezionale fiscalmente trasparente** quindi con dei **Beneficiari di reddito individuati**, allora il reddito determinato precedentemente dal Trust sarà prima imputato per trasparenza ai Beneficiari di reddito individuati e poi tassato direttamente in capo a questi ultimi secondo le proprie **aliquote Irpef**.

In questo secondo caso (Trust non discrezionale fiscalmente trasparente) il Trust presenta la propria dichiarazione dei redditi per determinare il proprio reddito, ma non liquida l'imposta, imputando invece il reddito per trasparenza ai Beneficiari di reddito.

Il Beneficiario di reddito in questi casi consegue un reddito di capitale, come previsto dall'articolo 44 comma 1 lettera g-sexies del TUIR.

Cerchiamo ora di fare chiarezza e comprendere meglio cosa si intende per Trust discrezionale fiscalmente opaco e Trust non discrezionale fiscalmente trasparente.

Questa distinzione altro non è nella sostanza il **riflesso** di quanto scritto nell'**Atto di Trust**. Ti faccio due esempi per comprendere meglio.

Trust discrezionale fiscalmente opaco con **tassazione** del **reddito** del **Trust** in capo al Trust con **aliquota Ires** del **24%**: nell'atto di Trust è scritto che il Trustee nella sua piena discrezionalità, pur sempre rispettando quelle che sono le finalità del Trust, individuate dal Disponente nell'atto istitutivo di Trust, potrà decidere a quale Beneficiario di reddito e in quale misura distribuire il reddito del Trust (ad esempio gli affitti derivanti dalla locazione di beni immobili e dividendi distribuiti da partecipazioni di società detenute).

Il Trustee nella pratica deciderà in funzione delle esigenze dei Beneficiari che ovviamente sono mutevoli nel tempo.

Quindi magari un anno potrà decidere di non distribuire nulla a nessun Beneficiario di reddito perché riterrà magari, dopo un confronto con i Beneficiari di reddito e il Guardiano del Trust, che nessuno ne ha realmente esigenza; l'anno successivo il Trustee decide invece di distribuire il reddito prodotto dai beni in Trust a uno dei figli per pagargli l'università e non invece all'altro figlio che già lavora ed è indipendente. Due anni dopo, considerate le esigenze dei Beneficiari, la scelta discrezionale del Trustee potrebbe essere completamente diversa.

In sintesi, in un Trust discrezionale e quindi fiscalmente opaco nessun Beneficiario ha mai alcun diritto a ricevere alcunché, ma sarà sempre e solo una scelta del Trustee, sempre rispettando le finalità del Trust.

Trust non discrezionale fiscalmente trasparente con **tassazione del reddito del Trust per trasparenza** in capo ai **Beneficiari individuati** con **aliquota** personale **Irpef**: in questo caso nell'atto di Trust potrebbe essere scritto che il Trustee ogni anno dovrà senza alcuna discrezionalità dividere tutti i redditi del Trust (ad esempio affitti derivanti dalla locazione di beni immobili e dividendi distribuiti da partecipazioni di società detenute) in parti uguali tra i Beneficiari di reddito ovvero il coniuge e i due figli.

In questo caso non potendo il Trustee esercitare nessuna scelta discrezionale sulla distribuzione del reddito del Trust, quest'ultimo sarà considerato, per i redditi prodotti, fiscalmente trasparente, pertanto ipotizzando 100.000 (centomila) euro di reddito del Trust, lo stesso sarà imputato per trasparenza al 33% a ogni Beneficiario di reddito che dovrà includerlo nella propria dichiarazione dei redditi personale e assoggettarla a imposizione con la propria aliquota Irpef.

Un Trust **parzialmente discrezionale** quindi fiscalmente **misto** prevederà come puoi immaginare delle clausole nell'atto di Trust che permetteranno al Trustee di decidere discrezionalmente se distribuire e a quale Beneficiario, ad esempio, il 75% del reddito prodotto dal Trust; ma per il 25% restante sarà obbligato a dividerlo in parti uguali tra i Beneficiari del reddito. In questo esempio per il 75% del reddito il Trust sarà tassato come opaco, quindi direttamente con aliquota Ires del 24%, mentre il restante 25% sarà imputato pro quota per trasparenza a ogni Beneficiario di reddito che dovrà includerlo nella propria dichiarazione dei redditi personale e assoggettarla a imposizione con la propria aliquota Irpef.

Come vedi la definizione di Trust fiscalmente opaco, trasparente o misto e quindi la relativa modalità di tassazione di reddito del Trust (in capo al Trust o in capo ai Beneficiari del reddito) è solo un riflesso di quanto indicato nell'Atto di Trust con riferimento alla discrezionalità del Trustee.

Per esperienza posso dirti che la stragrande maggioranza dei Trust istituiti oggi in Italia prevedono, con riferimento alla distribuzione del reddito ai Beneficiari, la discrezionalità totale del Trustee. Pertanto, posso affermare che tutti questi Trust possono essere inquadrati come Trust discrezionali fiscalmente opachi con tassazione definitiva dei redditi in capo al Trust secondo l'attuale aliquota Ires del 24%.

Ti ricordo che in questo caso la successiva distribuzione del reddito già tassato in capo al Trust nelle mani dei Beneficiari non subirà nessun'altra tassazione.

La **scelta** del **Trust discrezionale**, quindi **fiscalmente opaco**, è operata normalmente per **due** ordini di **motivi**: il **primo** è che le **esigenze** dei **Beneficiari** del Trust sono **mutevoli** nel tempo, quindi non avrebbe senso determinare una modalità di distribuzione fissa e predeterminata per un periodo molto lungo (come un padre di famiglia il Trustee, nel rispetto delle finalità del Trust, aiuterà chi in quel momento ne avrà più bisogno); la **seconda** è che in un **Trust** non discrezionale e quindi **fiscalmente trasparente** nasce ogni anno un **diritto** di **credito** da parte del Beneficiario di reddito a ricevere i fondi a lui imputati per trasparenza nei confronti del Trust.

Tali crediti, essendo entrati nella sfera di disponibilità del Beneficiario di reddito designato nell'atto di Trust, a questo punto **potrebbero essere aggrediti** da eventuali creditori personali del Beneficiario stesso, vanificando per tali somme gli effetti segregativi e di protezione del Trust.

Voglio terminare sottolineando, come già precisato nel libro diverse volte, che l'aspetto fiscale del Trust è solo un riflesso di scelte molto più importanti, pertanto è bene conoscere la fiscalità del reddito derivante dai beni in Trust, ma aggiungo che viviamo anche in un Paese in cui le norme tributarie cambiano quasi ogni anno, quindi è un aspetto su cui è davvero quasi impossibile fare affidamento e pianificare delle operazioni.

Concludendo, per i Trust familiari discrezionali quindi fiscalmente opachi, che per mia esperienza sono il 99% dei casi, posso solo e molto sommariamente dire che la fiscalità diretta del reddito derivante dai beni in Trust è molto ma molto simile alla detenzione diretta dei beni da parte del Disponente prima del loro trasferimento in Trust. Pertanto, non vale davvero la pena in questa sede approfondire di più, per quello esistono tantissimi manuali.

RIEPILOGO DEL CAPITOLO 7:

In questo Capitolo abbiamo analizzato le due imposte principali relative alla vita del Trust. Per primo le imposte indirette (Imposte di successione e donazione) che si applicano al conferimento dei beni dal Disponente al Trust (Trustee) e poi dal Trust (Trustee) ai Beneficiari. Abbiamo proseguito poi con l'analisi delle imposte dirette (Ires e Irpef) che si applicano invece al reddito derivante dai beni conferiti in Trust.

- SEGRETO n. 24: In Italia esiste solo la normativa sulla fiscalità diretta dei beni conferiti in Trust (Ires e Irpef), mentre non esiste nessuna normativa sulla fiscalità indiretta del trasferimento dei beni dal Disponente al Trust (Trustee) e dal Trust (Trustee) ai Beneficiari finali. Per la fiscalità indiretta esiste solo un'interpretazione dell'Agenzia delle Entrate che è comunque in contrapposizione con quanto previsto dalla dottrina, dal Notariato e dalla Giurisprudenza consolidata.

- SEGRETO n. 25: Secondo l'Agenzia delle Entrate al momento del trasferimento dei beni dal Disponente al Trust (Trustee) si applicano le Imposte di successione e donazione e in caso di trasferimento di beni immobili anche le Imposte ipotecarie e catastali, e nessuna imposta invece è dovuta nel momento successivo del trasferimento dei beni dal Trust (Trustee) ai Beneficiari finali, a eccezione delle Imposte Ipotecarie e Catastali in caso di trasferimento di beni immobili.

- SEGRETO n. 26: Secondo la dottrina, il Notariato e la Giurisprudenza consolidata, al momento del trasferimento dei beni dal Disponente al Trust (Trustee) non si applicano le Imposte di successione e donazione che invece saranno dovute solo al momento del trasferimento dei beni dal Trust (Trustee) ai Beneficiari finali, compreso in caso di trasferimento di beni immobili delle Imposte ipotecarie e catastali.

- SEGRETO n. 27: la definizione fiscale di Trust "opaco", "trasparente" o "misto" è una conseguenza di quanto scritto nelle clausole dell'Atto di Trust e relativa alla discrezionalità o meno del Trustee di decidere se, in quanta parte e a quale Beneficiario di reddito distribuire il reddito del Trust.

Vai alla pagina delle Conclusioni di questo libro, in cui troverai un link per accedere all'area *Membership* del libro dove troverai tutte le sentenze menzionate e di supporto a questo libro, i video e altri contenuti extra pensati appositamente per te.

Allegato:
Bozza di Atto Di Trust

Repertorio n …   Raccolta n …

ATTO ISTITUTIVO DI Trust

L'anno duemilaventi il giorno 18 del mese di dicembre

In Milano

Innanzi a me … Notaio in …, iscritto nel ruolo del Collegio notarile del Distretto di …

Si sono costituiti:

- Sig. … nato a … in data … residente a … in via … codice fiscale … (indicato nel presente Strumento anche come **Disponente**)
- Sig. … nato a … in data … residente a … in via … codice fiscale … (indicato nel presente Strumento anche come **Guardiano**)
- **CFC Trustee S.p.A.** in persona del suo presidente del Consiglio di Amministrazione dott. **Carlo Carmine** nato a … il … residente

in … codice fiscale … cons sede legale in Milano (indicata nel presente Strumento anche come **Trustee**),

Detti comparenti, della cui identità personale, qualità e poteri io notaio sono certo, richiedono me notaio di ricevere il presente Atto, con il quale convengono e stipulano quanto segue:

PREMESSO

- che il **Disponente** intende **costituire** un **fondo** a **beneficio** della propria **famiglia**;
- che il Disponente intende **tutelare** la propria famiglia;
- che la costituzione del presente Trust trova peraltro causa nella volontà del Disponente di **assicurare** ai **Beneficiari** per gli anni a venire la migliore **protezione** economica, che sia provveduto alle loro persone, in termini di **mantenimento**, svolgimento della loro attività lavorativa, ai loro **studi**, **assistenza**, cure sanitarie. A tal fine, il **Trustee** ha il compito di **tutelare**, **gestire** il patrimonio conferito. Ciò costituisce nel complesso un negozio di solidarietà familiare e rappresenta la **finalità** del **Trust**;
- che il Disponente intende assicurare la **gestione efficiente** e

unitaria dei **beni** e dei diritti che lo stesso vorranno immettere nel presente Trust, come prima specificato, nell'esclusivo interesse dei Beneficiari più avanti individuati al fine anche di **prevenire conflitti** e motivi di **dissenso**;

- che i beni e i diritti oggetto di trasferimento dal Disponente al Trustee sono in loro piena, libera ed esclusiva proprietà e titolarità, con il vincolo per il Trustee di impiegare quanto gli viene trasferito e di disporne secondo le disposizioni del presente Atto;

- che il negozio giuridico idoneo a realizzare questa finalità è il Trust, in cui il Trustee sia un operatore che gestisca i beni in maniera autonoma, riservata e secondo criteri di efficienza;

- che il presente Atto è regolato, oltre che dalla Legge applicabile, di cui oltre, dalle disposizioni della Convenzione dell'Aja del 1° luglio 1985, ratificata dalla Repubblica Italiana con legge 16 ottobre 1989 n. 364 ed entrata in vigore il 1° gennaio 1992.

TUTTO CIÒ PREMESSO CONVENGONO QUANTO SEGUE:

Le premesse formano parte integrante del presente Atto.

Il Disponente istituisce un Trust con le clausole, le definizioni e le modalità di cui infra.

Parte I - Dati generali

Art. 1 - Trust: denominazione, irrevocabilità, durata

A. Il termine Trust indica il rapporto giuridico nascente dal presente Atto.

B. Il Trust istituito con il presente Atto è denominato: … Trust

La sede del Trust è fissata presso il domicilio ovvero la sede legale del Trustee attualmente in Galleria Strasburgo 2, Milano.

C. Il presente **Trust** è **irrevocabile**.

D. Per **durata** del Trust si intende il periodo il cui termine iniziale è la data del presente Atto e il cui termine finale è la data in cui si compiono **30 (trenta) anni** dal termine iniziale.

Art. 2 - Il Trustee

Il termine Trustee individua chi riveste l'ufficio di Trustee, attualmente CFC Trustee S.p.A … che sottoscrive il presente atto per accettazione dell'incarico alle condizioni ivi previste.

Art. 3 - Il Guardiano

Il termine Guardiano individua chi riveste l'ufficio di Guardiano, attualmente il sig. … come sopra generalizzato, che sottoscrive il presente Atto anche per accettazione di tale incarico, alle condizioni ivi previste.

Art. 4 - Il fondo in Trust

A. Il Disponente, contestualmente alla istituzione del Trust, dichiara di dotarlo inizialmente di euro diecimila/00 e dei seguenti immobili …

Art. 5 - Ulteriori apporti

A. Il Trustee può accettare incrementi del fondo in Trust da chiunque.

Art. 6 - I Beneficiari – Beneficiari di reddito - Beneficiari finali

A. Il presente Atto individua le seguenti categorie di Beneficiari (indicati collettivamente anche come Beneficiari del Trust o come Beneficiari):

1. I **Beneficiari del reddito**, i quali sono: a) la sig.ra …, moglie del Disponente…; b) il sig. … figlio del Disponente…; c) il Disponente, sopra generalizzato.

2. I **Beneficiari finali** del Fondo in Trust, se viventi al momento del trasferimento finale dei beni in Trust, sono i discendenti in linea retta dei Disponenti in parti uguali, con suddivisione per stirpe.

B. I diritti dei Beneficiari sono personali e non sono trasferibili né a titolo gratuito né a titolo oneroso.

Art. 7 - Appartenenza del Fondo in Trust

A. Sopraggiunto il termine finale della durata del Trust, il fondo in Trust appartiene di diritto ai Beneficiari finali del Trust;

B. Qualora per qualsiasi ragione non si possa dar luogo all'attribuzione a favore di alcun Beneficiario finale, di cui al precedente articolo 6, paragrafo A), punto 2, il fondo in Trust alla scadenza del Trust è assegnato a Fondazioni/Onlus di beneficenza dal Trustee per mezzo di Atto con la forma minima della sottoscrizione autenticata, comunicato all'interessato e da questi accettato.

Parte II - Il fondo in Trust

Art. 8 - Posizione del Trustee rispetto al fondo in Trust

A. Il fondo in Trust appartiene al Trustee come se ne fosse il pieno, legittimo ed esclusivo proprietario, ma esercitando i suoi poteri nell'interesse dei Beneficiari del Trust in conformità con quanto disposto dal presente Atto.

B. Il Trustee: 1. ha capacità processuale attiva e passiva rispetto ai beni in Trust; 2. può comparire nella sua qualità di Trustee dinanzi a notai e pubbliche autorità; 3. può rivolgersi all'Autorità giudiziaria per ottenerne direttive o altri provvedimenti.

C. I beni del fondo in Trust sono separati dal patrimonio proprio del Trustee e non sono aggredibili dai suoi creditori personali e pertanto, in via esemplificativa, qualora il Trustee sia una persona fisica, non fanno parte di alcun regime patrimoniale nascente dal suo matrimonio o da convenzioni matrimoniali e non formano oggetto della sua successione ereditaria.

Art. 9 - Obbligazioni del Trustee rispetto al fondo in Trust

A. Il Trustee custodisce il fondo in Trust e ne tutela la consistenza fisica, il titolo di appartenenza e, se del caso, il possesso; in quanto la natura di un bene lo consenta, cura che ne mantenga il valore nel tempo.

B. Il Trustee tiene i beni in Trust distintamente identificabili e comunque separati sia dai propri che da qualunque altro bene del quale sia Trustee o fiduciario.

Parte III - Il Trustee

Art. 10 - Poteri del Trustee e limitazioni

A. Il Trustee svolge i suoi compiti, in coerenza con le finalità del Trust e nell'interesse dei Beneficiari, con piena discrezionalità e nel rispetto delle norme recate dal presente Atto, dalla legislazione italiana e dalla Legge applicabile.

B. Il Trustee deve ottenere il consenso scritto del Guardiano almeno 15 giorni prima di alienare beni immobili partecipazioni e/o quote societarie.

Art. 11 - Poteri di investimento del Trustee – Disponibilità liquide e investimenti finanziari

Per la gestione di quella parte del fondo in Trust che consiste di investimenti finanziari che eccedano l'importo di euro centomila/00, il Trustee si avvale della consulenza/assistenza di un Istituto bancario, intermediario autorizzato o promotore finanziario, scelto di intesa con il Guardiano.

Art. 12 - Impiego del reddito

1. Nel corso della durata del Trust, il Trustee impiega il reddito, e se insufficiente il fondo:

a) in ogni caso, per perseguire le finalità del Trust e comunque nell'interesse dei Beneficiari; b) per manutenzione, riparazioni e migliorie di beni inclusi nel fondo in Trust; c) per pagare imposte e altre spese che sarebbero altrimenti da soddisfare tramite il fondo in Trust.

2. Al momento dell'approvazione del rendiconto di cui al seguente art. 22 il Trustee determina se e quanta parte del restante reddito, rispettivamente: a) versare o impiegare a vantaggio di quali

Beneficiari e in quale misura; b) accumulare al capitale, incrementandolo; c) accantonare, mantenendolo disponibile.

Art. 13 - Responsabilità del Trustee verso terzi

Quando, in una qualunque operazione, il Trustee informa un'altra parte interessata all'operazione che egli sta agendo quale Trustee, qualsiasi pretesa di tale altra parte può essere soddisfatta esclusivamente per mezzo del fondo in Trust.

Art. 14 - Successione nell'ufficio - Revoca e dimissioni

A. Un Trustee rimane nell'ufficio per il termine o fino all'evento stabiliti nella nomina ovvero, se anteriori, fino a dimissioni o revoca o:

1. Se persona fisica: fino a morte o sopravvenuta incapacità o al compimento del settantesimo anno di età; 2. se società o altro ente: fino a messa in liquidazione o inizio di alcuna procedura concorsuale.

B. In questo articolo il termine Designatore indica: 1. il Guardiano; 2. mancato costui: l'insieme dei Beneficiari finali maggiorenni.

C. Il Trustee può essere revocato per mezzo di atto scritto da parte del Designatore in ogni momento.

D. Il Designatore in nessuno dei casi che precedono può nominare se stesso.

E. Gli atti che comportano revoca, nomina o accettazione di nomina sono fatti per iscritto con data certa.

F. Qualora non vi sia alcun Trustee e il Designatore manchi – o non provveda entro 60 (sessanta) giorni – alla nomina, provvede il Presidente dell''Ordine degli Avvocati di Milano entro ulteriori 60 (sessanta) giorni su richiesta di qualsiasi interessato; in mancanza, ove esistente, vi provvede lo stesso Trustee.

Parte IV - Il Guardiano

Art. 15 - Posizione del Guardiano

A. Qualora vi siano più Guardiani le attività degli stessi potranno essere svolte anche disgiuntamente (e, quindi, sarà sufficiente l'attività di uno soltanto di essi ai fini dell'esecuzione del presente Atto), salvo ove espressamente richiesta l'autorizzazione congiunta.

Art. 16 - Successione nell'ufficio

A. Un Guardiano rimane nell'ufficio per il termine o fino all'evento stabiliti nella nomina ovvero, se anteriori, fino a dimissioni o revoca o 1. se persona fisica: fino a morte o sopravvenuta incapacità o al compimento del settantacinquesimo anno di età; 2. se società o altro ente: fino a messa in liquidazione o inizio di alcuna procedura concorsuale.

B. In questo articolo il termine Designatore indica: 1. il Disponente; 2. mancato costui: l'insieme dei Beneficiari finali maggiorenni.

C. Un Guardiano può essere revocato in ogni tempo dal Designatore.

D. Gli atti che comportano dimissioni, revoca, nomina o accettazione di nomina sono fatti per iscritto con data certa.

E. Qualora non vi sia alcun Guardiano e il Designatore manchi – o non provveda entro 60 (sessanta) giorni alla nomina – provvede il Presidente dell'Ordine degli Avvocati di Milano entro ulteriori 60 (sessanta) giorni su richiesta di qualsiasi interessato.

Parte V - Libro eventi, Esercizio finanziario e Rendicontazione

Art. 17 - Libro degli eventi

A. Il Trustee mantiene e aggiorna il Libro degli eventi del Trust, vidimato da un notaio.

B. Il Trustee annota in tale libro: 1. ogni avvenimento che il presente Atto o la legge regolatrice del Trust prescrivano di annotare; 2. ogni altro avvenimento del quale ritenga opportuno conservare memoria.

Art. 18 – L'Esercizio finanziario

A. L'Esercizio finanziario del Trust ha inizio il 1° gennaio e ha termine il 31 (trentuno) dicembre di ciascun anno solare.

Art. 19 - Rendiconto

A. Il Trustee 1. mantiene una contabilità accurata e la documentazione di ogni operazione; 2. consegna al Guardiano entro 5 (cinque) mesi dal termine di ciascun Esercizio finanziario, a mezzo PEC o altro mezzo equivalente, l'inventario del Fondo in Trust e il proprio rendiconto con l'indicazione del risultato dell'esercizio; 3. trascrive l'inventario e il rendiconto nel Libro degli eventi del Trust.

Parte VI - Disposizioni generali

Art. 20 - Legge regolatrice

A. Il Trust è regolato dalla legge di Jersey, Isole del Canale (Trusts (Jersey) Law 1984 and Amendments).

Art. 21 - Giurisdizione

A. Ogni controversia relativa all'istituzione, alla validità o agli effetti del Trust o alla sua amministrazione o ai diritti o obbligazioni di qualunque soggetto menzionato nel presente Atto è sottoposto esclusivamente alla magistratura italiana, foro di

Milano.

B. Ogni procedimento mirante a fare pronunciare dal Giudice la nomina di un Trustee o direttive al Trustee è proposto esclusivamente dinanzi la magistratura italiana, foro di Milano; qualora essa declini di provvedere, alla magistratura dello Stato la cui legge regola il Trust.

Art. 22 - Modificazioni del presente Atto

Il Trustee, ottenuto il consenso del Guardiano, può modificare per mezzo di Atto con la forma minima della sottoscrizione autenticata il presente Atto come egli ritenga sia nell'interesse generale del Trust.

Conclusioni

Sono davvero molto contento che tu abbia letto questo libro.

Infatti, adesso che hai letto e appreso tutte le nozioni e consigli che ti ho dato su come difendere per sempre il tuo patrimonio, sono sicuro che il tuo futuro sarà diverso da quello di troppi imprenditori che, non avendo avuto la fortuna di leggere questo libro, dopo tantissimi anni di sacrifici hanno perso tutto il frutto del proprio lavoro.

Pensa a tutti gli esempi che ti ho narrato e che fanno parte della vita reale di ogni imprenditore e non.

Ai creditori personali come gli istituti bancari e finanziari, che quando le cose vanno bene sono sempre al tuo fianco, come tuoi amici, e poi al sopraggiungere dei primi problemi diventano i tuoi più grandi nemici... improvvisamente, senza neppure avvisare; matrimoni che dopo bellissime storie di amore sono finiti nei Tribunali e spesso a farne le spese sono stati i tuoi figli e le tue finanze; aziende dissolte a seguito di un passaggio generazionale mal gestito; figli minori a cui hai trasferito prematuramente il tuo patrimonio, poi gestito dai consulenti nominati dai Tribunali che tutto fanno fuorché il loro interesse; patrimoni intestati fiduciariamente ai familiari completamente persi.

Sono assolutamente certo che, come me, anche tu avrai sentito centinaia di queste storie. Adesso però hai un super potere: la conoscenza. Prendi in mano la tua vita, decidi per te e non permettere a soggetti che non hanno le dovute competenze in materia di difesa del patrimonio di consigliarti male.

Come imprenditore hai anche la responsabilità sociale di conservare e preservare tutto le cose belle che hai creato come valore per la società.

Oggi hai gli strumenti necessari per anticipare e prevenire tutti i problemi che potrebbero distruggere il patrimonio che hai accumulato con anni di lavoro e sacrifici.

Per questo sii un imprenditore di successo: fermati un attimo, sistema tutto, tutela e proteggi per sempre i tuoi soldi, il tuo patrimonio e la tua famiglia, allora sì che dopo aver messo tutto in sicurezza potrai pensare a far crescere il tuo business, magari a dedicarti a nuove iniziative imprenditoriali, godendoti nel frattempo i tuoi averi accumulati nel tempo in tutta serenità e migliorando sostanzialmente la qualità della tua vita.

Alla protezione e tutela del tuo patrimonio e della tua famiglia!

A presto,
Carlo Carmine
Il Difensore Patrimoniale

Se hai trovato utile questo libro e pensi che la sua lettura possa essere di aiuto a qualche imprenditore come te ti chiedo di lasciare una **recensione** su Amazon: www.carlocarmine.it/amazontrust.

Risorse

- www.carlocarmine.it/librotrust per accedere alla **Membership** del libro dove troverai la Convenzione dell'Aja sul Trust, le sentenze menzionate nel Libro, gli Studi del Notariato, del Consiglio Nazionale dei Commercialisti sulla Contabilità e sul Rendiconto del Trust, i capitoli dei libri da me scritti e menzionati sulla Fiscalità del Trust, dei video e altri contenuti extra pensati appositamente per te;

- www.carlocarmine.it/youtube per accedere ai video di **Youtube** in continuo aggiornamento;

- www.carlocarmine.it/linkedin per entrare in contatto con me su **LinkedIn**;

- www.carlocarmine.it/libroequitalia per scaricare o ricevere **gratis** una copia del **libro** Liberati da **Equitalia** in 7+1 Mosse;

- www.carlocarmine.it/gruppofb per accedere al **Gruppo** Chiuso esclusivo di **Facebook "Da Professionista ad Imprenditore di Successo"**.

9 788861 748293